ÉTUDES ET FRAGMENTS

D'ÉCONOMIE POLITIQUE

(Extraits de la *Revue d'économie politique*)

PAR

Henri-Auguste MILET

Ingénieur civil à Pernambuco (Brésil)

(1875-1889)

PARIS

IMPRIMERIE BREVETÉE CHARLES BLOT

7, RUE BLEUE, 7

1891

ÉTUDES ET FRAGMENTS

D'ÉCONOMIE POLITIQUE

(Extraits de la *Revue d'économie politique*)

ÉTUDES ET FRAGMENTS

D'ÉCONOMIE POLITIQUE

(Extraits de la *Revue d'économie politique*)

PAR

Henri-Auguste MILET

Ingénieur civil à Pernambuco (Brésil)

(1875-1889)

———

PARIS

IMPRIMERIE BREVETÉE CHARLES BLOT

7, RUE BLEUE, 7

—

1891

TABLE DES MATIÈRES

AVERTISSEMENT DES ÉDITEURS

Les trois premiers des fragments réunis dans la présente brochure sont extraits de la *Revue d'Économie politique*, où ils ont trouvé une bienveillante hospitalité, malgré les tendances hétérodoxes qu'ils révèlent, si ce n'est un peu à cause de ces tendances mêmes.

Leur auteur, qui habite depuis un demi-siècle la ville de Pernambuco, située dans la partie intertropicale du Brésil, entre le 8ᵉ et le 9ᵉ degré de latitude sud, a consacré, depuis près de quarante ans, à l'étude des phénomènes économiques dont ce grand pays est le théâtre tout le temps que lui laissaient disponible les impérieuses nécessités du *struggle for life*.

De cette étude, il a retiré la conviction intime de l'inapplicabilité des principes absolus et des théories fondamentales de l'Ecole orthodoxe, en dehors du monde idéal — hypothétiquement composé de nations et d'individus parfaitement égaux en capacités productrices — que ces théories présupposent ; et il a constaté, de plus, combien sont désastreux les résultats qu'engendrent les préten-

ducs lois économiques, déduites de ces mêmes
principes, lorsqu'on prétend, par la généralisation
prématurée de phénomènes locaux, appliquer ces
lois hors du milieu où les phénomènes eux-
mêmes ont été observés.

Or ce milieu ne comprend guère qu'une zone
étroite, occupée par cinq ou six nations de l'Europe occidentale, au sein desquelles se trouve
concentrée la majeure partie du capital représentant les épargnes des générations antérieures ; aussi,
dans le reste du monde, les prévisions orthodoxes
se trouvent-elles constamment contredites par
les faits.

Avant d'arriver à cette conviction, l'auteur, sur
la foi des économistes alors en renom, adhérait,
dans une certaine mesure, à la doctrine du *free
trade* et du *laisser faire* économique ; mais, dès
1850, l'expérience l'avait rendu protectionniste et
socialiste décidé. Cette expérience lui avait en
effet montré, dans l'ordre économique, comme
en général dans toutes les manifestations de l'activité humaine, la nécessité de l'intervention du
pouvoir social, — dont la mission, dans ce cas, est
de substituer le droit à la force, et de s'opposer
tant à l'oppression qu'à la suppression finale des
plus faibles, en soustrayant l'ordre social à la
sélection darwinienne, conséquence inévitable du
« laisser faire », laquelle est loin, dans un milieu
où la richesse constitue le principal élément de

supériorité, de favoriser le progrès physique, intellectuel et moral des populations.

Citoyen d'un pays trop jeune encore pour que l'épargne ait pu y constituer un capital proportionné à ses besoins; d'un pays auquel sa situation économique et financière, — caractérisée par la permanence de soldes contraires énormes dans la balance de ses transactions avec l'extérieur, — ne permet pas l'usage d'une monnaie ayant valeur intrinsèque, il a dû porter spécialement son attention sur la question monétaire.

L'orthodoxie refusait au Brésil le crédit sous forme d'émission de billets de banque, jusqu'à ce qu'il pût donner à ceux-ci pour base leur convertibilité en espèces métalliques. Maintenir, en fait, cette convertibilité était évidemment impossible avec une balance toujours défavorable. D'autre part, pour que cette balance devînt favorable, il eût fallu développer énergiquement la production, tant agricole que manufacturière; et c'est pour atteindre ce but que le pays était unanime à demander la mobilisation d'une partie de la dette publique.

L'opposition de l'orthodoxie impliquait un véritable cercle vicieux. Elle ne voulait accorder le crédit qu'après le résultat des améliorations pour lesquelles le crédit était réclamé. C'était condamner le Brésil à ne jamais rattraper les vieilles nations de l'Europe centrale et occidentale, comme l'ont fait les Etats-Unis de l'Amérique du Nord en moins d'un siècle ; c'était, en un mot, le condamner à perpétuité au rôle secondaire et dépendant de fournisseur de matières premières.

Pour sortir de cette impasse, et montrer que l'exigence de l'orthodoxie ne reposait sur aucune base scientifique, l'auteur a dû remonter aux principes fondamentaux de la circulation monétaire. Abordant cette étude, l'esprit libre du fétichisme des noms propres et des préjugés européens, et d'ailleurs éclairé par la pratique exclusive d'une monnaie purement conventionnelle, il a reconnu, comme l'avait déjà fait un des patriarches de l'orthodoxie, — le célèbre Ricardo, — dans la quatrième de ses propositions « *tendant à* » *l'établissement d'une circulation monétaire éco-* ، *nomique et sûre* » :

Que le *papier-monnaie* est, en théorie, supérieur aux métaux précieux comme agent de la circulation ;

Que *la valeur intrinsèque*, tenue par l'orthodoxie pour attribut nécessaire d'un parfait instrument d'échange, est théoriquement une cause d'infériorité, et n'a d'autre justification que l'avantage, dans l'état actuel d'insolidarité des diverses nations, d'assurer partout à cet instrument l'acceptation générale, seule condition essentielle de la monnaie.

Il a de plus reconnu également :

Que cette acceptation générale est obtenue pratiquement, dans chaque pays, par l'attribution de la faculté libératrice ;

Que le *papier-monnaie* est la circulation naturelle des pays neufs ou arriérés, qui aspirent à développer leurs ressources et à diminuer l'avance que les pays riches possèdent sur eux dans le champ de la production ;

Qu'il n'y a aucune difficulté à en proportionner la quantité aux besoins des transactions, puisqu'il se prête facilement à l'adjonction d'un papier fiduciaire, que l'on peut doter de toute l'élasticité désirable en le rendant convertible à vue en monnaie légale, et ne l'admettant pas dans les coffres publics :

Que le défaut, tant reproché au papier-monnaie, de ne pas servir pour solder les transactions avec l'étranger, est en réalité un avantage, puisqu'il évite les perturbations que causerait l'émigration de l'instrument d'échange s'il possédait une valeur intrinsèque, et qu'il tend, de plus, en donnant lieu à la baisse du change, à développer la production par la prime que cette baisse réalise au profit des exporteurs.

Sur cette question monétaire, vitale pour un pays neuf et d'immense avenir, — auquel il ne manque que les capitaux ou le crédit qui peut les suppléer, comme il l'a fait aux États-Unis de l'Amérique du Nord : — sur celle de la nécessité

urgente de créer et de développer l'industrie manufacturière, tant pour employer la partie de la
population qui ne peut se livrer aux travaux de
l'agriculture que pour diminuer les soldes contraires de la balance des transactions avec l'extérieur ; sur celle du rôle de la colonisation étrangère et nationale, et généralement, enfin, sur
toutes les questions économiques ou financières
qui intéressent le Brésil et spécialement sa partie
intertropicale, l'auteur, à partir de 1860, a publié
dans les journaux du pays une quantité considérable d'articles riches en aperçus nouveaux et
éminemment suggestifs.

Malgré leur nombre et leur valeur intrinsèque,
ces écrits n'ont pas eu au centre politique de
l'Empire (aujourd'hui République) le retentissement qu'ils méritaient, et cela, pour plusieurs
causes. En premier lieu, ces articles étaient
publiés à 300 lieues de la capitale. Ils venaient, en second lieu, heurter les préjugés des
économistes nationaux officiels, tous dévotieusement attachés à l'orthodoxie, par suite ennemis
irréconciliables du papier-monnaie. Enfin et surtout, l'adoption par les pouvoirs publics des idées
que ces articles professaient aurait fermé aux manieurs d'argent, tout-puissants à Rio-de-Janeiro
comme à Londres et à Paris, toute perspective
d'exploiter le Trésor public et d'écrémer les fortunes
particulières au moyen d'emprunts, de conversions

et surtout de banques, destinées en apparence au remplacement, impossible en fait, du papier-monnaie par des billets soi-disant convertibles à vue en or monnayé, mais pour lesquels les fondateurs de ces banques escomptent d'avance le privilège du cours forcé qu'ils savent bien être inévitable.

Les principaux des articles ci-dessus visés antérieurs à 1882 ont été extraits des journaux où ils avaient reçu une première publicité, réunis en brochures de 100 à 120 pages de texte et publiés de nouveau sous les titres suivants :

O meio circulante e a questao bancaria ;

Os Quebra-Kilos e a crise da lavoura;

Auxilio à lavoura e credito real;

O ARTIGO NOTAVEL *e a questão monetaria;*

Miscellanea economica ;

A lavoura da Canna ;

Miscellanea economica e politica.

De chacune de ces brochures un exemplaire fut régulièrement adressé par la poste à la *Société d'Economie politique,* mais il est à supposer qu'elles n'y ont pas trouvé de lecteurs ; c'est qu'en effet, — quoique parlée, en Europe et en Amérique, par plus de 20 millions d'hommes, et quoique ayant servi de base, en Asie, à un jargon qui joue, dans les ports de l'Extrême-Orient, sous le nom de *lingua geral,* un rôle analogue à celui que remplissait jadis la langue franque dans les Echelles du Levant, — la langue portugaise est peu répandue en Europe et presque inconnue en France.

D'autre part, comme les familles sont, au Brésil, très nombreuses et que les fortunes y sont rares, peu de personnes y ont le temps de se livrer à des études, généralement réputées fort abstruses, et qui ne donnent pas de moyens d'existence.

Les jeunes Brésiliens étudient l'économie politique dans les Ecoles de Droit de la même manière qu'ils y étudient le droit romain et le droit naturel, uniquement en vue des examens qu'ils ont à passer pour devenir avocats ou magistrats, ou tenter la carrière politique. Cette étude est toute superficielle, limitée à l'exposition des théories classiques sur la division du travail, les machines, la monnaie, les banques, complétée ou non par la lecture des auteurs qu'indiquent les professeurs, et dont les opinions sont acceptées, sans discussion, comme paroles d'Evangile.

Ces auteurs sont presque tous Français et orthodoxes : Leroy-Beaulieu, Garnier, de Molinari, Courcelle-Seneuil, Bastiat, etc. Aussi, les faits ont-ils beau donner un démenti formel aux théories classiques, celles-ci sont opposées comme fin de non-recevoir à toutes les théories nouvelles, réputées indignes d'être discutées, puisque le *magister dixit* répond à tout.

A partir de 1876, l'auteur, — convaincu, par une expérience de 15 années, que ses idées n'avaient chance d'être prises en considération dans les sphères officielles qu'à la condition d'avoir été discutées en France et de revenir au Brésil revêtues du prestige qui s'attache en ce pays aux productions intellectuelles de l'aînée des nations latines, — tenta, à trois reprises différentes, de s'adresser à Paris à un public plus compétent et plus curieux de science que celui de son pays.

A cette fin, il fit présenter à deux publications scientifiques françaises, des études économiques dont le caractère de généralité lui semblait offrir quelque intérêt aux économistes de n'importe quel pays.

Vains efforts. Il fut arrêté par le cordon sanitaire que l'orthodoxie maintenait à la porte des recueils économiques et de la propre *Revue des Cours scientifiques;* de telle sorte que, s'il n'avait pas, dans un mémoire lu à la section d'Economie politique du Congrès, tenu au Havre, en 1877, par l'*Association Française pour l'avancement des Sciences*, exposé les immenses services que le papier-monnaie avait rendus au Brésil pendant la guerre du Paraguay (1865-1870) (1); s'il n'avait pas, dans cet écrit, expliqué comment le Brésil avait pu, grâce à ce papier, soutenir, à la distance de 300 lieues, une lutte qui lui a coûté plus de

____

(1) H.-A. Milet. — *Le Brésil pendant la guerre du Paraguay* (1865-1870). Brochure in-8°. Paris, Guillaumin et Cie, éditeurs, 1877.

1.500 millions, sans arrêt de son activité produc·
trice ni dépréciation permanente de cet instrument
d'échange — dont la somme avait été portée de
250 à 500 millions de francs ; — s'il n'avait pas
enfin constaté qu'au terme de cette lutte le Brésil
s'était trouvé en pleine prospérité, avec un revenu
public double de celui qu'il possédait avant la
guerre, et avec une augmentation de 30 0/0 sur
son commerce extérieur ; sans tout cela, disons-
nous, personne au monde n'aurait su qu'il y avait
en ce pays lointain un économiste indépendant du
joug de l'orthodoxie et nul n'aurait connu des faits
éclatants, incontestables et incontestés, qui démentent complètement les théories classiquement
admises en matière de circulation monétaire.

Les faits d'intolérance ci-dessus rappelés prou-
vent que l'école du *laisser faire* et de l'optimisme
social, dont les derniers représentants prétendent
imposer comme dogme officiel à tous les professeurs d'économie politique le *Credo* de leur petite Église, possèdent encore une force d'obstruc-
tion fort considérable. Mais le fait de la publication
des trois études que nous reproduisons aujour-
d'hui, dans une revue spéciale d'économie politique, rédigée par des économistes éminents, dont
la majeure partie professe cette science dans les
principaux centres universitaires de l'Europe, et
dont l'orientation générale symbolise l'opposition
aux doctrines dites classiques, nous porte à croire

que l'orthodoxie, battue en brèche depuis longtemps en Angleterre, en Allemagne et dans d'autres pays, ne survivra pas en France à ses actuels
représentants, retranchés aujourd'hui à l'Institut,
au Collège de France et dans les principales posi-
tions officielles.

Cette science orthodoxe aura régné près d'un
siècle, et par son exclusivisme aussi bien que par
son désaccord constant avec les faits, elle aura
rendu peu populaire une science dont la diffusion
est cependant d'une importance majeure comme
facteur de l'évolution de l'humanité. Du reste,
malgré ses erreurs, malgré son penchant exagéré
pour les déductions, son optimisme et son intolérance sectaire, elle aura rendu service à la véritable économie politique, en déblayant le terrain
sur lequel doivent s'asseoir les fondements de
cette science encore dans l'enfance, science d'observation, sœur de la météorologie, basée comme
cette dernière sur un petit nombre de lois dont
les effets dépendent essentiellement des circonstances du milieu ambiant.

Aux trois articles extraits de la *Revue d'Economie politique*, nous avons joint une étude sur la
formation et la destruction du capital flottant, que
l'auteur avait fait présenter, en 1876, à la *Revue
des Cours scientifiques*, et à laquelle M. Yves
Guyot, alors secrétaire de la rédaction de cette

Revue, avait refusé l'*exéquatur*, pour manque de conformité avec les théories classiques.

Les lecteurs pourront, en la lisant, apprécier le degré de liberté que des hommes, qui se disent libéraux et même radicaux, accordent, en matière scientifique pure, à la manifestation d'idées contraires à leurs croyances, pour ne pas dire à leurs préjugés.

Paris. — Janvier 1891.

DU SOPHISME DE L'IDENTITÉ

DES INTÉRÊTS INDIVIDUELS ET DE L'INTÉRÊT GÉNÉRAL [1]

Homo homini lupus.

Adam Smith, dans son fameux traité sur la *Richesse des Nations;* Bastiat, dans ses *Harmonies économiques*, et, avec eux, un grand nombre d'économistes, la plupart orthodoxes, tiennent pour vérité courante l'identité de l'intérêt général et des intérêts individuels, dont, à leur dire, la somme constitue l'intérêt général.

C'est de cette base que partent la plupart d'entre eux, sinon, comme l'exigerait la logique, pour contester absolument, en tout pays, la nécessité de ce représentant des intérêts collectifs appelé l'Etat, au moins pour restreindre ses attributions, proscrire son intervention dans les relations spécialement économiques et proclamer partout le *laisser faire.*

De la même manière, ils considèrent les intérêts particuliers des différents peuples comme parfaitement identiques avec celui de l'humanité dont ces peuples font partie, et c'est là un des principaux arguments qu'ils apportent à l'appui de la fallacieuse doctrine du *free trade*.

C'est en vain que l'expérience des siècles, résumée dans les proverbes populaires, l'histoire de l'humanité, la conscience des orthodoxes eux-mêmes et leur manière d'agir dans la vie publique et privée protestent contre de semblables assertions, et surtout contre la prétendue harmonie des intérêts individuels sur laquelle ces assertions reposent, cela n'empêche pas ces sophismes de passer, dans un grand nombre d'écrits, pour des théorèmes déjà démontrés et presque pour de véritables axiomes.

En présence du témoignage irrécusable de l'histoire et de l'éloquence des faits, qui nous montrent en plein fonctionnement le profond antagonisme des peuples, des classes ou couches sociales (comme on les appelle aujourd'hui) et des individus ; en présence de l'état de guerre qui résulte en tous lieux des compétitions nationales et individuelles, les sectaires de l'harmonie recourent à une distinction spécieuse entre l'intérêt réel et l'intérêt apparent, entre l'intérêt bien ou mal entendu, et comptent sur la diffusion des saines doctrines économiques pour établir dans les actions la concordance qu'ils prétendent exister dans les intérêts.

Il ne sera donc pas hors de propos de montrer, par l'observation et l'analyse des phénomènes fondamentaux du *struggle for life*, l'erreur de raisonnement, le véritable sophisme dans lequel les maîtres dont j'ai cité les noms au commencement de la présente étude sont tombés sur ce

point particulier de la science économique, et
d'établir qu'en théorie pure, aussi bien que dans
la pratique, les intérêts les plus prochains de
n'importe quel individu ou collectivité, — ceux
qui, d'ordinaire, déterminent ses agissements, et,
pour ce, sont considérés exclusivement comme
intérêts individuels, — placent celui-ci ou celle-là
dans un état d'antagonisme forcé avec tous les
autres individus ou collectivités et, par conséquent,
constituent des forces divergentes que l'on ne peut
additionner et qui contrarient formellement l'intérêt général avec lequel on prétend les confondre.
Il suffira, pour y arriver, d'emprunter quelques
exemples au milieu dans lequel nous vivons.

Pierre est médecin et n'a d'autres revenus que
ceux qu'il tire de l'exercice de sa profession ;
voyons quels seront ses intérêts et comment ils
s'harmoniseront avec ceux des autres membres de
la communauté sociale, avec ce qu'on appelle
l'intérêt général.

Tout d'abord, nous trouvons que Pierre espère
une nombreuse clientèle, et, comme chacun de
ses collègues nourrit la même aspiration, il est,
à ce point de vue, en antagonisme avec eux.

Il est vrai que tous les médecins ont certains
intérêts communs, comme, par exemple, l'apparition
d'épidémies qui rendent leurs services plus recher-
chés et mieux payés ; mais il est clair que ces
intérêts, communs au groupe professionnel dont
Pierre fait partie, sont opposés à ceux de tous les
autres groupes ou classes sociales (à l'exception
de celui des pharmaciens), et par conséquent à

l'intérêt général, qui réclame la conservation de la santé publique.

Comme Pierre ne possède aucun immeuble urbain ou rural, qu'il n'est ni agriculteur, ni éleveur, ni industriel, il a, comme consommateur, un intérêt direct à ce que toutes les marchandises, les loyers, la farine, la viande et toutes les autres utilités soient à bas prix, tandis que les industriels de tous ordres, les planteurs de manioc (1), les éleveurs de bétail, les propriétaires urbains ou ruraux, chacun pour le genre d'utilité qu'il produit, sont intéressés à l'élévation des prix.

Il est certain que comme ces industriels, agriculteurs, éleveurs et propriétaires peuvent fournir des clients à Pierre, il a un certain intérêt à ce qu'ils prospèrent et puissent bien lui payer ses visites ; mais cet intérêt est éloigné, éventuel et problématique, tandis que l'avantage qu'il tire des bas prix est certain et immédiat.

Jean est planteur de manioc, et, comme tel, son intérêt le plus prochain est que la farine soit chère et, par suite, que ses confrères récoltent peu, afin de maintenir l'élévation des prix ; il se trouve donc sur ce point en antagonisme, non seulement avec les autres planteurs, mais avec tous les consommateurs de farine, dont l'intérêt est que la production soit abondante et le prix peu élevé. D'un autre côté, en sa qualité de consommateur, il est intéressé à ce que tous les autres produits ou utilités dont il

(1) La farine de manioc joue dans l'alimentation des habitants du nord du Brésil le même rôle que la farine de blé en France.

a besoin soient à bon marché ; d'où un nouveau motif d'antagonisme avec les intérêts des producteurs de ces objets ou utilités.

On m'objectera, sans doute, et c'est à ce point de vue que se sont placés Adam Smith, Bastiat et leurs disciples, que Pierre, Jean et tous les membres de la grande famille humaine ont des intérêts communs, ceux de voir respecter leur vie, leur honneur, leur propriété (quand ils en ont), et en général tous les droits et contrats, et que ces intérêts, qui méritent au plus haut degré le nom d'intérêts généraux, puisqu'ils servent de base à l'état social, doivent être considérés comme identiques à l'intérêt individuel de chaque membre de la société.

L'argument est spécieux ; je ne puis cependant pas admettre sans restriction cette apparente identité. Je suis intéressé, sans aucun doute, à ce que les autres respectent mon honneur, ma vie et ma propriété, à ce qu'ils s'acquittent exactement des obligations qu'ils ont contractées envers moi ; mais la réciproque n'est vraie que dans la mesure indispensable pour obtenir le résultat désiré, et mon intérêt le plus prochain est, autant que cela sera possible, de donner expansion à mon individualité sans m'inquiéter de celle du voisin et de me placer au-dessus des lois, si je puis le faire sans qu'elles cessent d'obliger les autres dans leurs relations avec moi.

C'est ce que nous voyons tous les jours ; c'est ce qui rend nécessaire l'existence de la police et des tribunaux ; et l'antagonisme de l'intérêt général et des intérêts individuels est sur ce point tellement réel et évident, que les individualistes les plus décidés, les ennemis les plus ardents de l'État reconnaissent que celui-ci est indispensable pour garantir la sûreté de la vie, de l'honneur, de la propriété, et l'exécution des contrats.

Respecter les droits des autres afin qu'ils respectent les miens, c'est la formule de ce qu'on appelle l'intérêt bien entendu, qui, en effet, est identique à l'intérêt général ; mais, si cet intérêt bien entendu a une certaine importance théorique, dans la pratique son influence sur les agissements des individus serait bien faible, pour ne pas dire nulle, s'il lui manquait cette sanction suprême : la pénalité, décrétée et appliquée par l'État, parce qu'il ne suffit pas, pour que mes semblables pratiquent la justice envers moi, que je la pratique dans mes relations avec eux.

Passant des individus aux collectivités, je vois les producteurs de houille intéressés à la hausse des prix de leur marchandise, tandis que tous les industriels et, en général, tous les consommateurs ont intérêt à la baisse. Les producteurs de blé désirent avec raison le vendre le plus cher possible, et tous ceux qui mangent du pain veulent qu'il soit à bon marché. Il en est de même pour tous les groupes industriels, classes sociales, provinces et nations : tous et toutes ont un intérêt immédiat et prédominant à la hausse du prix du genre d'utilités qu'ils produisent, des services qu'ils rendent, et au bon marché de tous les autres. Les capitalistes appellent de tous leurs vœux la hausse du taux de l'intérêt de l'argent, qui est préjudiciable à tous les membres des classes actives (1); les manufacturiers veulent avoir les matières premières à bas prix et vendre cher leurs produits ouvrés; les agriculteurs désirent le contraire; et, de quelque côté qu'il fixe son regard, l'observateur ne voit qu'antagonisme, opposition des intérêts individuels dans chaque groupe, de ceux de chaque groupe dans la nation, de ceux de chaque nation dans le monde.

C'est ainsi que pour nous, qui habitons Pernambuco, il y a un intérêt vital, pour ainsi dire, à ce que le prix du sucre soit très élevé sur tous les marchés consommateurs, et, par conséquent, à ce que la sécheresse, les inondations, les maladies, ou n'importe quel fléau, diminuent les récoltes de la betterave européenne, des cannes à sucre de Cuba, de Java, des Antilles, ce qui implique d'énormes désastres pour tous ces pays, — qui, du reste, adressent au ciel des vœux identiques aux nôtres; et cependant, cet intérêt vital pour nous est diamétralement opposé, non seulement à ceux des autres pays producteurs de sucre, mais à celui des consommateurs du reste du monde, lequel, de son côté, est en parfait antagonisme avec l'intérêt général des producteurs de sucre.

En somme, l'étude des phénomènes économiques nous présente un mélange confus d'intérêts,

---

(1) L'auteur entend par classes *actives* celles dont la rémunération dépend du grand mouvement de l'offre et de la demande dans le champ de la production et de la consommation, et par classes *passives* celles qui vivent de rentes ou emplois à appointements fixes.

quelques-uns plus ou moins harmoniques, d'autres, en plus grand nombre et plus exigeants, qui sont franchement antagonistes et se livrent bataille, même chez le même individu, surtout quand il appartient en même temps à différents groupes ou classes, comme cela arrive d'ordinaire dans les sociétés complexes appelées nations.

Toutefois, en procédant à la classification des faits observés par genres et espèces, on voit la clarté se faire au sein de ce chaos apparent, et l'on s'aperçoit qu'il n'y a, en somme, que deux sortes d'intérêts, ceux des collectivités (groupes, classes, nations, etc.) et ceux des individus (simples ou multiples) dont elles se composent. On reconnaît aussi que, dans chacune de ces collectivités, les intérêts communs sont ceux qui la placent en antagonisme avec les autres collectivités du même ordre, tandis que l'intérêt le plus prochain et le plus intense des individus dont elle se compose est en opposition avec celui de chacun de ses co-associés, et cela par le fait que tous ont le même objectif.

C'est là la singulière harmonie dont parlait *Sforza* quand il disait ironiquement: « Quelle merveilleuse harmonie règne entre mon cousin Charles VIII et moi! nous voulons tous les deux la même chose: Milan. » C'est la compétition universelle, le *bellum omnium contra omnes* de Hobbes.

En partant d'une définition générale qui comprendrait toutes les formes de société possibles (actuellement) et du procédé en vertu duquel les utilités produites sont réparties entre les membres des sociétés humaines, ou même en remontant plus haut et prenant pour base les mobiles initiaux de l'activité humaine, nous arriverions à des résultats analogues bien que formulés en d'autres termes.

En effet, nous pouvons poser à *priori* les postulats suivants :

1° Toute société a pour but l'obtention d'un gain ou bénéfice, et la répartition de ce bénéfice entre les coassociés.

2° L'échange des utilités, produits ou services, constitue un lien social pour les individus ou collectivités entre lesquelles a lieu cet échange.

3° Dans l'organisation économique actuelle des sociétés humaines, la répartition des bénéfices entre les membres dont elles sont formées prend la forme de la rémunération, c'est-à-dire du prix plus ou moins élevé qui est attribué aux utilités produites par chacun d'eux.

Ceci posé, il en résulte que chaque sociétaire a en même temps deux intérêts : le premier, qui lui est commun avec tous ses coassociés, est que le bénéfice social soit le plus grand possible ; l'autre est de se faire, dans ce bénéfice, la part du lion. Et ce second intérêt, loin d'être harmonique, le place dans un antagonisme forcé avec chacun de ces mêmes coassociés.

Le premier, il est vrai, se confond avec l'intérêt général du groupe ou collectivité, mais son action est très faible ; tandis que le second, qui se rapporte uniquement à l'individu (simple ou multiple), et pour ce motif jouit exclusivement du titre d'intérêt individuel, fait taire le premier et détermine les agissements du sociétaire, par la raison bien simple, qu'il ne lui reviendrait qu'une très faible partie du gain ou bénéfice social dû à ses efforts personnels, puisqu'il devrait être partagé entre tous les membres de la société, tandis qu'il ne partage avec personne le résultat de ses efforts pour augmenter sa part dans la répartition générale.

Par conséquent, dans le monde où nous vivons, chaque producteur d'utilités (services ou produits) de n'importe quel genre a intérêt, avec tous ceux qui appartiennent au même groupe, à ce que leur genre d'utilités soit bien rémunéré, c'est-à-dire cher et que tous les autres soient à bon marché; mais il a, de plus, un autre intérêt plus prochain et direct, celui de prendre la meilleure part dans le bénéfice social. C'est ce qu'exprime clairement l'adage populaire : « Ton premier ennemi est celui qui exerce le même métier que toi (1). »

Il en résulte forcément l'antagonisme des individus au sein de chaque groupe ou classe, de celles-ci dans la nation, et des nations entre elles : — *Homo homini lupus!*

Pour que l'harmonie qu'Adam Smith et Bastiat ont cru découvrir entre les intérêts individuels, et pour que l'identité de ceux-ci avec l'intérêt général fût une réalité, il faudrait imaginer un état social dans lequel il n'y aurait pas de répar-

---

(1) Traduction de l'adage brésilien : *Teo inimigo é o official do teo officio.*

tition, et où, par conséquent, existerait la communauté des produits ; et, même en ce cas, on ne pourrait se flatter d'avoir supprimé tout antagonisme, car chacun des associés aurait encore intérêt à fournir le moindre travail possible et à rejeter sa part de labeur sur les autres, — sauf le cas où les forces productives seraient tellement grandes que chacun pût travailler et consommer à sa volonté, idéal dont nous sommes encore fort éloignés, et que certainement aucun économiste orthodoxe n'entrevoit pas même en rêve.

Nous arriverions encore au même résultat, en prenant pour point de départ la loi primordiale qui préside à l'activité humaine.

L'homme, comme tous les êtres organisés, aspire à vivre, à se développer, à se propager, triple tendance qu'exprime le mot : expansion. Les premiers obstacles que rencontre cette expansion sont ceux qu'oppose à l'homme le milieu inorganique qui lui est commun avec les autres êtres organisés ; puis, en seconde ligne, ceux qui résultent des efforts que tous, et en particulier ses congénères, font en vue d'une expansion analogue. De là l'état de guerre, le *struggle for life* qui, comme le montre Darwin, a pour conséquence la sélection naturelle amenée par l'extermination des faibles.

La création de l'état social dont le but est de substituer au droit du plus fort le règne de la justice et de l'égalité ne supprime pas cet antagonisme naturel : il impose des limites à l'expansion de chaque individu, afin qu'elle ne sorte pas des bornes exigées par la coexistence d'autres individus qui ont un droit égal à l'expansion. Mais, si l'intérêt de tous, en relation avec chaque individu, est que son expansion ne nuise pas à la leur, l'intérêt le plus prochain et le plus intense de ce même individu est que les limitations ne soient imposées qu'aux autres.

En d'autres termes, après comme avant la création de l'état social, l'intérêt de l'individu est d'obtenir pour lui, en travaillant le moins possible, la plus grande somme d'utilités, ce qui fait qu'il aspire naturellement à vivre aux dépens des autres, à les faire travailler pour lui et à ne pas travailler pour eux. Se développer aux dépens des autres et se refuser à toute réciprocité est la formule de l'intérêt individuel, et cette formule est inconciliable avec celle de l'intérêt général.

Résumant ce qui précède, je crois avoir établi que dans les sociétés complexes appelées nations qui, grâce au progrès des relations commerciales, font dès aujourd'hui partie d'une société plus vaste mais encore incomplète, l'humanité, l'intérêt de chaque individu, simple ou multiple, est la résultante d'intérêts divers, dont les uns sont plus ou moins harmoniques et les autres essentiellement antagoniques.

Les premiers sont ceux qui ont trait à la prospérité des collectivités de tout ordre, groupes, classes et nations, et se confondent avec elles ; les autres sont ceux qui se réfèrent au partage ou répartition des utilités produites entre les membres des diverses collectivités ; — et, comme ces derniers font taire constamment les premiers, ce sont ceux-là qui déterminent les agissements des individus, des groupes, des nations, et c'est pour eux que toutes les langues, négligeant la coexistence des intérêts plus ou moins altruistes, à cause de leur peu d'influence, ont réservé l'expression d'intérêts individuels.

De leur côté, Adam Smith, Bastiat et leurs disciples ne voient chez les individus que les intérêts harmoniques ou qui paraissent l'être et les additionnent pour constituer l'intérêt général qui, de la sorte, se trouve identique aux intérêts individuels ; mais, en agissant ainsi, ils commettent un double sophisme, puisqu'ils appliquent à la totalité des intérêts de l'individu ce qui n'est vrai que pour une partie, et que de plus ils additionnent des quantités qui sont essentiellement hétérogènes, puisque les intérêts communs aux membres de chaque groupe sont contraires à ceux des autres groupes et qu'au sein même de chaque individualité les intérêts divers sont en lutte permanente. La conclusion est forcée. Puisque les intérêts individuels n'engendrent que l'antagonisme, — suscitant à chaque pas des compétitions et des luttes, que ne peuvent empêcher ni la réciprocité, ni la crainte des représailles, et dont l'écrasement des faibles est la conséquence nécessaire, — tous ceux qui croient aux avantages de l'État social et par conséquent des principes de justice ou d'égalité dans les relations humaines, doivent admettre la nécessité de l'intervention du pouvoir social dans toutes les relations, afin d'y maintenir, dans l'intérêt de tous, et autant que cela est possible, les intérêts de chaque individu dans les limites exigées par les droits des autres membres de la société.

Cette nécessité n'admet pas d'exception. A mesure que les progrès de la civilisation créent des relations nouvelles, les attributions du pouvoir social doivent s'élargir. Chercher à les restreindre comme le veulent les orthodoxes Malthusiens et Darwiniens, en expulsant l'État de la sphère économique pour le réduire au rôle de garant de la stipulation des contrats et de la sûreté de vie, honneur et propriété, ce serait placer les pauvres vis-à-vis des riches, dans le champ de la production et de la consommation pacifique, dans une situation semblable à celle où se trouvaient, avant la fondation de l'État social, les faibles en présence des forts dans la forêt primitive, où ils étaient dévorés par eux; — et cela avec cette circonstance aggravante d'employer la puissance publique au détriment des faibles et au bénéfice de la sélection.

Cette doctrine, qui se prétend libérale, mériterait donc plutôt la qualification de barbare et contre elle proteste la conscience du genre humain, qui ne peut admettre, en aucun ordre de relations, la substitution de la force au droit et repousse la prépotence du plus riche avec la même énergie que celle du plus fort.

H.-A. MILET.

Pernambuco (Brésil). — Mai 1880.

D'UN APHORISME ORTHODOXE MAIS INEXACT

SUR LA MONNAIE [1]

I

On rencontre dans le fameux *Inquiry* d'Adam Smith, et dans les écrits de ses disciples et successeurs immédiats, Malthus et Ricardo, qui servent encore aujourd'hui de *credo* à l'école économique orthodoxe, un certain nombre d'aphorismes dont l'inexactitude est manifeste.

Les uns procèdent de généralisations prématurées de faits observés dans des conditions de milieu particulières ; les autres, de l'application illégitime, à certains phénomènes complexes, de déductions à *priori*, qui peuvent être exactes dans leur rapport avec tel ou tel des facteurs qui concourent à la production des dits phénomènes, mais qui sont fausses quand on les étend au résultat final, sans tenir compte des autres facteurs.

Aussi, ces aphorismes ne s'harmonisent-ils pas toujours ni partout avec les faits : tantôt parce que leur exactitude dépend de certaines conditions

(1) Extrait du numéro Mars-Avril 1890 de la *Revue d'économie politique*.

qui ne se sont pas réalisées, tantôt parce que l'action du facteur unique, auquel ils s'appliquent légitimement, se trouve généralement contrariée et souvent presque annihilée par l'intervention d'autres facteurs, dont l'action, plus ou moins directe et énergique, se manifeste en sens contraire.

Malgré cela, l'orthodoxie les conserve dans ses bagages, et les applique, sur la foi du *magister dixit*, toutes les fois que l'occasion s'en présente.

Au premier rang de ces aphorismes figure celui-ci : *La valeur de la monnaie, c'est-à-dire sa capacité d'acquisition, dans n'importe quel pays, est en raison inverse de sa quantité dans ce même pays.*

Cet aphorisme, les fondateurs de l'école orthodoxe ne l'ont pas inventé, puisqu'on le trouve clairement formulé dans des écrits antérieurs à la publication de l'*Inquiry ;* mais ils l'ont adopté et proclamé, et il figure encore aujourd'hui au nombre des articles de foi de l'école (1).

(1) L'école classique ou, du moins, ses maîtres n'ont jamais affirmé que la valeur de la monnaie dépendit *uniquement* de sa quantité : ils ont toujours dit qu'elle dépendait, comme la valeur de toute chose, de sa quantité et de son utilité, et que son utilité elle-même dépendait de diverses causes, parmi lesquelles figurent celles qu'indique l'auteur de l'article. Il n'est donc pas très juste de la rendre responsable, comme le fait l'auteur de l'article, des interprétations un peu trop littérales peut-être que les économistes officiels du Brésil ont pu faire de l'aphorisme en question. L'analyse faite par M. Milet n'en est pas moins instructive en montrant les dangers qui peuvent résulter de tout principe à *priori*, quand on veut lui donner un caractère de généralité et l'appliquer indépendamment des différences de temps et de lieux.

(Note de la rédaction de la *Revue d'économie politique*.)

Que cet aphorisme soit exact ou complètement erroné, cela est de peu d'importance pratique pour les pays riches et constitués normalement au point de vue économique, tels que la France, l'Allemagne, la Belgique, etc., là où le commerce extérieur, quelle que soit son importance, ne représente qu'une petite fraction de la totalité des transactions, et où, même, les exportations de numéraire déterminées par une balance défavorable ne peuvent affecter d'une manière sensible l'énorme stock de métaux précieux qu'ils possèdent.

Il n'en est pas de même pour les pays pauvres, et surtout pour les pays neufs, où les transactions externes jouent un rôle économique prépondérant, et qui, par la permanence de soldes débiteurs dans leurs transactions avec l'étranger, n'ont pu conserver un instrument d'échange ayant une valeur intrinsèque, et se trouvent réduits à une circulation monétaire purement conventionnelle, — papier-monnaie ou billets de banque à cours forcé.

En effet, dans ces pays, — au nombre desquels figurent tous les Etats de l'Amérique du Sud, et, en général, comme l'a établi d'une manière irréfutable l'éminent économiste américain H.-C. Carey, tous ceux qui exportent sur une grande échelle les matières premières, ou qui n'ont pas une industrie manufacturière proportionnée à leur production agricole ou extractive, — les paiements à faire au dehors sont presque toujours supérieurs aux ressources normales fournies par l'exportation nationale (1).

(1) Cette disproportion des engagements, comparés aux ressources, s'est élevée pour le Brésil, dans ces derniers temps (ceci

L'instrument d'échange, n'ayant pas de valeur intrinsèque, ne peut être exporté pour combler le déficit. Aussi, jusqu'à ce que la différence entre la somme des dettes immédiatement exigibles et le montant des créances se trouve compensée par des emprunts directs ou indirects, réalisés au dehors par les gouvernements ou les particuliers, la demande de traites sur l'étranger se maintient supérieure à l'offre ; et, par suite, on voit l'or qu'elles représentent jouir d'une prime d'autant plus élevée que cette différence est plus considérable.

Une fois les emprunts réalisés, les traites affluent sur le marché, et la prime de l'or s'abaisse. Il peut même arriver, quand les emprunts s'élèvent à des sommes considérables, et quand les traites qui en représentent le montant sont lancées en masse sur les places de commerce, que la prime de l'or disparaisse complètement et soit momentanément remplacée par une prime du papier inconvertible.

C'est ce qui est arrivé au Brésil en 1875. Le change sur Londres était à 25 deniers pour *mil reis* (1), et, par suite, la prime de l'or s'élevait à

est écrit en mars 1889), au chiffre énorme de 30 0/0, comme l'a démontré clairement au Sénat brésilien le conseiller d'Etat Lafayette Rodrigues Pereira, dans son discours du 26 juin 1888. Il a montré que les engagements du pays exigent des paiements annuels à l'étranger qui s'élèvent à 829 millions de francs, tandis que l'exportation ne fournit de lettres de change que pour 625 millions !

(1) Le *mil reis* de papier-monnaie brésilien représente légalement un peu moins de 90 centigrammes d'or à 917 millièmes de fin, qui correspondent à 27 deniers anglais. A ce taux, dit le pair, la livre sterling vaut 8.888 reis, et le franc 352 reis.

8 0/0, quand le vicomte de Rio-Branco, alors ministre des finances, ayant contracté en Angleterre un emprunt de 5 millions de livres (125 millions de francs), tira sur Londres et jeta sur la place de Rio-de-Janeiro des traites représentant la quasi-totalité de l'emprunt.

Par suite de cette abondance de traites, la prime de l'or disparut immédiatement, et le change étant monté de un denier 3/8 au-dessus du pair de 27, le papier-monnaie se trouva faire environ 5 0/0 de prime, ce qui détermina l'importation d'une certaine quantité d'or monnayé.

Il va sans dire que cette prime dura fort peu de temps. L'année suivante, l'or faisait de nouveau 8 0/0 de prime ; le change était redescendu à 25 ; et, comme les engagements du gouvernement à l'étranger (arrérages de la Dette externe et garanties d'intérêts de diverses entreprises) exigeaient, chaque année, des sommes de plus en plus considérables, il continua à baisser, de telle sorte qu'en 1879 la prime de l'or atteignait 41 0/0.

L'émission d'un emprunt mixte, dont les intérêts sont payés au porteur à Rio-de-Janeiro, Londres, Paris et Lisbonne, et dont les titres furent, pour la plupart, exportés, fit remonter le change à 23 et baisser la prime de l'or de 41 à 17 0/0 ; mais ce ne fut que pour quelques mois. A partir de 1881, la baisse du change prit de nouveau le dessus ; et, malgré un temps d'arrêt occasionné par un nouvel emprunt de 4 millions de livres (100 millions de francs), réalisé à Londres, la prime de l'or s'éleva progressivement jusqu'à atteindre, en 1885, 54 0/0, pour se maintenir ensuite à ce taux, avec des oscillations peu importantes, jusqu'au milieu de 1886.

Depuis lors, deux nouveaux emprunts contractés en Angleterre à deux ans à peine d'intervalle, — lesquels ont permis au gouvernement brésilien de disposer de 300 millions de francs de traites sur Londres, et dont l'action sur le change est venue s'ajouter à celle des emprunts de provinces et de compagnies particulières, qui se sont empressées de profiter de la facilité, jusqu'alors inusitée, d'obtenir des capitaux étrangers, — ont fait baisser progressivement la prime de l'or de 54 0/0 à zéro ; et, depuis quelques mois, le papier-monnaie brésilien fait 3 0/0 de prime, et la livre sterling ne vaut plus que 8.571 reis, au lieu de 8.888 reis, qui est le taux légal de son acceptation dans les caisses de l'Etat !

C'est donc uniquement par suite des déficits constants dans le règlement de leur compte de transactions avec l'extérieur, et des emprunts répétés exigés par leurs plus urgents besoins, que les pays neufs présentent ces prodigieuses oscillations de change qui font passer l'or, dans l'espace de quelques mois, d'une prime négative, comme aujourd'hui pour le Brésil, à une prime positive de 40 à 60 0/0, qui est, en définitive, le taux habituel des places de commerce de ce même Brésil et des républiques de La Plata (1).

Il est évident que des oscillations d'une telle

(1) La prime de l'or, à Buenos-Ayres et à Montevideo, est actuellement (mars 1889) de 54 0/0 ; et, en 1868, lors de la guerre du Paraguay, elle était, au Brésil, de 100 0/0.

amplitude, et, en général, l'instabilité de la valeur
de l'instrument d'échange national comparé à l'or,
jettent la perturbation dans toutes les transactions
avec l'étranger ; mais il n'est pas moins évident
qu'elles ne dépendent, en aucune façon, de la
quantité de monnaie que possèdent les pays dont
il s'agit, puisqu'elles s'y manifestent, et cela
avec la plus grande intensité, sans que cette
quantité ait subi la moindre altération, comme il
arrive aujourd'hui pour le Brésil, où, de 1886 à
1888, la prime de l'or est descendue de $+$ 54 à
$-$ 3, avec, *identiquement*, la même somme de
papier-monnaie en circulation.

En dépit de cette évidence, les fanatiques de
l'école métallique ne cessent de réclamer le retour aux paiements en métaux précieux monnayés. Ils se refusent à comprendre et la signifi-
cation, si claire cependant, des faits qui se
déroulent sous leurs yeux, et l'impossibilité de
conserver une circulation ayant une valeur intrinsèque, sans avoir, au préalable, rétabli l'équilibre
dans le compte des transactions avec l'extérieur.
Invoquant l'aphorisme de *la valeur inversement
proportionnelle à la quantité*, ils attribuent la
prime de l'or à une prétendue surabondance de
papier à cours forcé ; et, en s'opposant à l'augmentation de l'instrument d'échange, même par
des émissions de billets de banque convertibles à
vue en monnaie légale, ils créent un obstacle
formidable au développement des ressources de
leurs pays respectifs (1).

(1) Certains économistes du vieux monde et, à leur suite,
nombre de financiers improvisés du nouveau, partant d'un autre
aphorisme, dit « loi de Gresham », qui, s'il n'est pas faux, est

Leurs efforts n'ont pas eu un succès complet dans les républiques de La Plata où, à côté des billets à cours forcé, circulent, comme en Italie il y a quelques années, d'autres billets, convertibles à vue en monnaie légale, émis sur garantie

du moins mal compris ou mal appliqué, voient dans l'existence d'une monnaie à cours forcé le principal ou même l'unique obstacle au retour de la circulation métallique. Les uns et les autres se trompent, et prennent l'effet pour la cause.

Il est constant que les espèces métalliques disparaissent des pays soumis au régime du papier d'État ou billets de banque à cours forcé ; mais ce n'est point parce que cet instrument d'échange serait, en tout et pour tout, inférieur à la monnaie métallique, et constituerait une *mauvaise monnaie.*

Cette émigration est, en tous pays, la conséquence forcée d'une balance défavorable ; et là où cette balance défavorable, constituant un fait permanent, fait constamment disparaître les espèces métalliques en circulation, la monnaie locale, qui ne peut servir à solder directement cette balance, est nécessairement dépréciée par rapport à l'or et aux traites qui le représentent. Mais cette dépréciation, qui fait donner au papier la qualification de mauvaise monnaie, est intimement liée à la permanence de cette balance défavorable.

Aussi, du moment où l'équilibre de l'échange international se trouve rétabli, soit naturellement par l'augmentation de la quantité ou de la valeur de l'exportation, soit artificiellement à la suite d'emprunts, la prime de l'or disparaît, la dépréciation cesse ; et, si la balance devient favorable, le papier fait prime, et les espèces métalliques reviennent sur le marché, en vertu de la même loi qui les avait fait émigrer, sans que la nature de l'instrument local des échanges ni sa quantité aient une influence quelconque sur ce phénomène économique.

L'aphorisme : *la mauvaise monnaie expulse la bonne,* dit « loi de Gresham », est vrai à la condition que l'on entende par *mauvaise monnaie* celle qui est dépréciée par rapport à l'or, accepté aujourd'hui dans le monde entier comme mesure des valeurs, et cela uniquement en tant que dure cette dépréciation. C'est ainsi que l'argent est aujourd'hui une mauvaise monnaie, malgré sa valeur intrinsèque, parce qu'il a cours légal en divers pays pour une valeur qui excède de 30 à 35 0/0 celle qui devrait lui être attribuée si l'on ne consultait que les prix relatifs des lingots d'or et d'argent sur le marché régulateur, qui est celui de Londres.

de fonds d'État par des établissements de crédit analogues aux banques nationales de l'Amérique du Nord, établissements qui ont, de cette manière, mobilisé une partie de la dette nationale, et concouru puissamment au prodigieux développement de la richesse publique et privée qui a signalé, sur les deux rives de La Plata, la dernière période décennale.

En revanche, des efforts analogues ont abouti à une victoire complète au Brésil. Là, en dépit de l'évidente insuffisance de l'instrument d'échange (papier-monnaie), dont la somme, divisée par le nombre d'habitants du pays, ne dépasse pas 35 fr. par tête, les économistes ont réussi, en 1860, à obliger les quelques banques d'émission, créées peu de temps auparavant, à retirer graduellement leurs billets de la circulation et, depuis lors, n'ont pas permis qu'il s'en fondât de nouvelles (1).

(1) Une loi, de date trop récente (24 novembre 1888) pour avoir reçu même un commencement d'exécution, vient d'autoriser la création de banques, à capital métallique, qui peuvent émettre des billets, payables à présentation en monnaie d'or, pour une somme égale au triple de leur capital réalisé. Cette même loi autorise également la fondation de banques dont le capital sera en monnaie courante (or ou papier-monnaie), pouvant émettre des billets payables à vue en cette même monnaie, les dits billets garantis par un dépôt de titres de la dette publique, émis spécialement à cette fin.

Mais cette loi, issue d'une transaction entre les partisans de l'extension du crédit et ceux de l'école qui n'admet d'autres émissions que celles ayant pour base un capital métallique, et qui vise un triple but : l'augmentation de l'instrument d'échange, la suppression du papier-monnaie, et la conversion de la dette publique de 5 en 4 1/2 0/0, ne me paraît pas née viable. Si elle est mise à exécution, elle amènera nécessairement, aux lieu et place des brillants résultats entrevus par ses auteurs, quelque

Telle est la confiance des sectaires économistes dans l'exactitude mathématique de l'aphorisme de la *valeur inversement proportionnelle à la quantité*, qu'en 1859 le vicomte d'Inhomerim, ministre des Finances, affirmait officiellement que la prime de l'or étant de 10 0/0, il suffirait, pour la faire disparaître, que les banques d'émission alors existantes, — auxquelles son successeur devait porter un coup mortel avec le décret du 22 août 1860, — retirassent leur papier dans la proportion de 10 0/0 de la circulation totale du pays.

Depuis 1860, les faits qui démentent cette proportionnalité mathématique ne se comptent plus ; mais il semble qu'ils aient continué à passer inaperçus pour les hommes d'Etat brésiliens, puisque, pendant près d'un demi-siècle, de 1846 à 1888, tous les ministres qui se sont succédé à la direction des Finances, sauf peut-être le vicomte de Rio-Branco, se sont montrés, explicitement ou implicitement, convaincus de la réalité de cette même proportionnalité, et ont présenté la diminution de la somme de papier-monnaie en circulation comme l'unique moyen d'en relever la valeur.

Le conseiller d'Etat Lafayette Rodrigues Pereira a soutenu cette thèse dans son rapport ministériel de 1884. Un de ses successeurs à la direction

chose d'absolument contraire, à savoir : une surcharge de plus de 12 millions des arrérages de la dette publique, suivie de près par le remplacement du papier-monnaie par le billet de banque, auquel il faudra, tôt ou tard, concéder le cours forcé, dès que le change sera revenu au taux que lui imposent les circonstances économiques du pays.

des Finances, M. Francisco Belisario Soares de Souza, demandait au Parlement brésilien, en 1886, l'autorisation de retirer chaque année de la circulation 5.000 contos de papier-monnaie (environ 12 millions de francs) ; et, dans un discours prononcé en 1887, il affirmait, avec l'apparence d'une profonde conviction, que, *quel que fût l'état du compte des transactions du Brésil avec l'étranger*, la prime de l'or disparaîtrait, du moment où la somme de papier-monnaie en circulation serait réduite à 75 0/0 de la quantité alors existante (1).

Dans une lettre datée du 30 juillet 1888 et adressée à la *Gazetta de noticias* de Rio-Janeiro, l'éminent économiste français M. Paul Leroy-Beaulieu paraît approuver le procédé indiqué par M. Belisario et considérer la réduction graduelle de la somme de papier-monnaie en circulation comme le meilleur moyen de sortir du cours forcé.

Cette approbation montre que l'illustre membre de l'Institut, professeur au Collège de France, n'a pas la moindre idée de la cause réelle de la dépréciation, relativement à l'or, des monnaies conventionnelles de l'Amérique du Sud. Cependant, dans son *Précis d'économie politique*, publié en 1888, il avait lui-même signalé la corrélation intime qui, dans tous les pays à circulation métallique ou mixte, existe encore entre le taux du change et l'état du compte de transactions avec l'étranger.

(1) Aujourd'hui, la quantité de papier-monnaie en circulation est *la même* qu'en 1887 ; et malgré cela, non seulement la prime de l'or a disparu, mais le papier fait 3 0/0 de prime !

S'il avait généralisé son appréciation et appliqué cette corrélation à n'importe quel pays, comme l'a fait M. Goschen dans son *Traité sur les changes étrangers*, il aurait été conduit à rechercher quel est, pour les nations de l'Amérique du Sud, l'état de leur compte de transactions extérieures ; et, après avoir constaté le manque d'équilibre qui existe normalement entre ce qu'elles ont à payer et à recevoir, il aurait reconnu que la permanence de la circulation inconvertible n'a pas d'autre cause. Il n'aurait pu, après cela, admettre un seul instant qu'elles pussent revenir aux paiements en espèces métalliques, simplement par la réduction progressive de la quantité de papier en circulation.

Je croirais, en effet, lui faire injure, en supposant qu'il admette la possibilité de conserver une circulation ayant une valeur intrinsèque en présence de soldes contraires permanents dans la balance des comptes avec l'étranger ; et l'offense ne serait pas moindre, si je le comptais au nombre des utopistes qui croient que la disparition du papier inconvertible déterminerait un courant d'or monnayé, venant remplir le vide, sans que d'ailleurs l'importation de cet or fût motivée, soit par une balance de commerce favorable, comme cela s'est vu aux Etats-Unis, à la suite d'une énorme exportation de blé et de coton, soit par un emprunt considérable, comme celui qu'a réalisé l'Italie, après avoir préalablement rétabli l'équilibre dans son budget et dans son compte de transactions avec l'étranger.

M. Paul Leroy-Beaulieu s'est trompé dans son

appréciation de l'état financier du Brésil, faute
d'informations exactes et complètes ; mais il est
clair que lui aussi admet en thèse générale la vérité
de l'aphorisme *de la valeur inversement proportionnelle à la quantité*; et le crédit que méritent
ses opinions sur n'importe quel point de la science
économique augmente l'importance que présente,
pour tous les pays de l'Amérique du Sud, la
démonstration de l'inexactitude de l'aphorisme en
question.

II

Le rôle essentiel de la monnaie étant de représenter les diverses richesses ou utilités dans les
transactions, il semble bien, à première vue, que
sa valeur ou pouvoir d'acquisition doit varier en
raison inverse des variations de sa quantité.

C'est probablement en partant de ce point de
vue que Hume dit, dans son *Essai sur la monnaie* :

« Quand le numéraire est plus abondant, comme
» il en faut une plus grande quantité pour repré-
» senter la même somme de produits ou de mar-
» chandises, il n'en résulte aucun effet bon ou
» mauvais pour l'Etat considéré isolément, ni une
» différence plus importante que celle qu'aurait
» sur les livres d'un commerçant la substitution
» des chiffres romains aux chiffres arabes... L'a-
» bondance de métaux monnayés est suivie de
» pertes pour une nation dans ses transactions
» avec les autres, parce qu'elle fait monter les
» prix du travail et des marchandises, obligeant
» chacun à donner, pour une même quantité, un

» plus grand nombre de petites pièces blanches
» ou jaunes. »

Adam Smith, dans ses fameuses *Recherches sur
les causes de la richesse des nations*, adopte l'o-
pinion de Hume ; et, en tirant les corollaires,
considère l'abondance de numéraire, résultant de
la baisse du prix des métaux précieux, « comme
» une chose que l'on ne doit pas désirer, parce
» qu'elle oblige chacun à se charger, pour faire
» le même achat, d'un poids plus fort de ces
» mêmes métaux, par exemple un shilling au lieu
» d'un groat (4 pence), et rend, en réalité, chacun
» plus pauvre ! »

Abondant dans les mêmes idées, un éminent
économiste de la première moitié du siècle, Michel
Chevalier, dans son traité *De la monnaie*, considère aussi l'augmentation de la quantité de numéraire d'un pays comme préjudiciable au même
pays dans ses relations économiques extérieures,
« parce que, dit-il, l'étranger lui vendra ses mar-
» chandises à un prix en rapport avec la valeur
» locale de la monnaie et continuera à lui acheter
» ses produits à des prix proportionnels à la
» valeur du numéraire sur les marchés généraux
» du monde ».

Il y aurait eu encore un autre corollaire à tirer
des prémisses posées par Hume et Adam Smith, à
savoir *qu'une nation est d'autant* PLUS RICHE
qu'elle possède MOINS *de numéraire !* Mais ni
Michel Chevalier, ni même Bastiat, malgré sa pré-
dilection pour les paradoxes, n'ont osé formuler
cette conséquence parfaitement légitime du principe
qu'ils acceptaient. Ils se sont bornés, comme leurs

prédécesseurs Mac Culloch, Stuart-Mill, J.-B. Say, à considérer l'augmentation du numéraire comme de nulle importance à l'intérieur et préjudiciable dans les relations avec l'étranger ; c'est-à-dire qu'ils n'ont rien ajouté ni retranché, sur ce point de la science économique, à la doctrine de Hume et d'Adam Smith, condensée dans l'aphorisme dont je prétends démontrer l'inexactitude.

L'orthodoxie, par l'organe de ses principaux représentants, avait donc tiré de cet aphorisme, très logiquement d'ailleurs, dans les termes où elle l'avait rédigé, des conséquences en opposition flagrante avec le bon sens, les aspirations constantes de l'humanité entière et les leçons de l'histoire, qui nous attestent l'existence d'une corrélation évidente entre le degré de richesse des nations et la somme de numéraire qu'elles possèdent.

Si ce n'était la tendance métaphysique qui pousse les penseurs de cabinet à laisser de côté l'expérience et à chercher dans leur propre intelligence les lois naturelles qui président aux phénomènes sociologiques, l'opposition que nous venons de signaler aurait conduit des économistes aussi distingués à douter du point de départ de leurs déductions.

Comme l'économie politique ne peut pas, sans abdiquer ses prétentions au titre de science moderne et sans reculer jusqu'au moyen âge, admettre une relation mystérieuse (1) ou, si l'on préfère,

---

(1) Je dis « relation mystérieuse » parce que ce n'est pas la totalité, mais quelques centièmes à peine des richesses d'un pays qui sont représentés par une quantité équivalente de numéraire, et il faudrait que ce fût la totalité pour qu'on pût affirmer que la

métaphysique entre la somme totale de numéraire d'un pays et les prix établis pour les diverses richesses, ils se seraient vus forcés de procéder à l'analyse du phénomène de l'achat, et d'apprécier l'action des divers facteurs qui concourent à la détermination des prix.

A cette fin, ils auraient recherché :

1° Quelle est la relation qui existe entre la quantité totale de numéraire d'un pays quelconque et celle qui, figurant effectivement dans les transactions, y constitue un des deux facteurs essentiels des prix, et détermine, par conséquent, la valeur du numéraire ?

2° Quelles sont les circonstances qui influent sur cette relation ?

3° Quelles sont celles qui agissent sur la quantité de richesses ?

4° Quel est le degré d'influence qu'exercent sur ce second facteur essentiel la nature des diverses richesses et les circonstances particulières du pays ?

Comme premier résultat de ces recherches, ils auraient reconnu que, quoiqu'il existe un certain rapport entre la quantité totale de numéraire d'un État et celle qui figure effectivement dans les-

---

valeur inversement proportionnelle à la quantité est une conséquence directe et logique de cette représentation. Il s'ensuit que, pour justifier l'aphorisme, on en est réduit, si l'on ne veut pas admettre quelque influence occulte, mais employer les procédés de la science moderne, à prouver expérimentalement, qu'il existe un rapport constant entre la quantité absolue de numéraire de chaque État, et celle qui apparaît sur le marché à l'occasion de n'importe quel achat. Il n'est, en effet, nullement légitime d'affirmer *à priori* que cette seconde quantité se trouve liée à la première par un rapport mathématique quelconque.

transactions, ce rapport n'est pas le même pour tous les pays, et, dans les limites de chaque État, n'est ni le même ni constant dans toutes les parties du territoire national.

En effet, pour évaluer la circulation effective d'un État, il faut : 1° soustraire de la quantité absolue de numéraire qu'il possède la partie affectée à la thésaurisation, ou distraite par les réserves individuelles ; 2° multiplier le restant par le chiffre correspondant à la rapidité de la transmission ; 3° ajouter au produit la somme de numéraire laissée disponible par les divers procédés usités aujourd'hui pour liquider les transactions sans transfert de monnaie, tels que lettres de change, billets à ordre, billets de banque, chèques, warrants, virements, etc.

Or, si la somme de numéraire soustraite par la thésaurisation, et aux époques normales par les réserves temporaires, est aujourd'hui insignifiante dans certains pays, comme l'Angleterre, les États-Unis et la Scandinavie, où l'on n'a pas l'habitude de conserver chez soi de fortes sommes d'argent, il en est d'autres, et ceux-là forment la majorité, où la somme soustraite constitue en tous temps une fraction très importante du stock général, et atteint en temps de crise des proportions telles que le numéraire semble avoir disparu (1).

(1) Dans les pays peu civilisés, comme sont ceux de l'extrême Orient, la thésaurisation est la règle générale pour les gouvernements et pour les particuliers. Chaque rajah de l'Inde conserve dans son trésor des milliers de pièces d'or et d'argent, et ses sujets l'imitent, chacun dans la mesure de ses ressources pécuniaires. Dans les pays plus avancés de l'Europe occidentale, la thésaurisation a cessé d'être un fait général ; mais elle l'était encore dans

De la même manière, le coefficient qui représente la rapidité de la circulation varie du simple
au décuple peut-être, selon que l'on compare un
pays comme l'Angleterre ou les États-Unis, où
l'activité commerciale et industrielle est à son
apogée, avec d'autres pays, comme la Perse ou la
Turquie, complètement atrophiés à ce point de vue;
et, chose digne de remarque, c'est justement là
où le numéraire existe en plus grande abondance
que sa circulation est la plus active (1).

On se trouve en présence de différences semblables quand on compare, non plus les États
entre eux, mais les provinces et les localités d'un
même État. Là aussi la rapidité de la circulation
présente des différences notables, car elle dépend
de l'activité commerciale et industrielle de chaque
localité, et, de plus, du stock monétaire qui n'est
pas le même dans toutes.

Pour ce qui est de la somme de monnaie rendue inutile par les virements, chèques, warrants, etc., comparée au *quantum* absolu de numéraire, elle présente d'un pays à l'autre une

les premières années du siècle. C'était la forme que prenaient les
épargnes des populations rurales ; et même aujourd'hui nous
voyons la puissante Allemagne conserver, sous le nom de trésor
de guerre, dans les souterrains de la forteresse de Spandau, des
centaines de millions de marks, inutilisés de cette manière pour
la circulation générale.

(1) « Là où le numéraire est rare, comme en Espagne, en Portugal, en Turquie, en Italie, en Pologne et en Laponie, chaque
pièce de monnaie considérée individuellement fait peu de besogne,
tandis que c'est dans les pays où l'argent abonde, comme chez les
nations plus avancées dans la civilisation, que chaque pièce de
monnaie rend la plus grande somme de services. » — H. C. Carey,
Principles of social science, chap. 37.

inégalité des plus prononcées. Nulle dans les pays peu civilisés, elle arrive dans d'autres à représenter une somme de transactions bien supérieure à celles qui se soldent avec la monnaie légale. C'est ce qui explique comment l'Angleterre, avec son stock métallique de 145 millions de livres sterling, peut faire face aux exigences de transactions bien plus considérables que celles de la France, qui possède le double de cette somme (1).

Ils auraient vu, en somme, que la relation existante entre la quantité absolue de numéraire d'un Etat quelconque et celle qui s'y présente efficacement dans les transactions comme un des deux facteurs essentiels du prix des diverses richesses, et, par conséquent, de la valeur de ce même numéraire, n'est pas la même dans les divers Etats, ni même dans chaque localité d'un même Etat, ainsi que l'exigerait l'aphorisme de *la valeur inversement proportionnelle à la quantité.*

Ils auraient reconnu que, quand bien même il existerait, entre la quantité absolue de numéraire d'un Etat et la somme bien plus considérable de celle qui figure dans les opérations de ventes et achats, un rapport invariable qui permît d'appliquer à cette première quantité les résultats de la seconde, il faudrait encore, pour l'exactitude de

(1) M. Paul Cauwès, dans son *Précis du Cours d'économie politique,* professé à la Faculté de Droit de Paris, nous dit qu'à Londres, d'après M. Newmarch, les paiements faits dans le commerce se décomposent de la manière suivante : chèques et comptes courants, 90 p. 0/0; billets de banque, 9 p. 0/0 ; numéraire, 1 p. 0/0; et qu'en France, M. Juglar a constaté, sur l'ensemble des mouvements de caisse de la Banque, de 1840 à 1875, 66 p. 0/0 soldés par virements, 31 p. 0/0 par billets de banque, et 3 p. 0/0 seulement en espèces.

l'aphorisme, que le second facteur essentiel du phénomène : la quantité de richesses, ne souffrît aucune altération.

Or, ce second facteur est éminemment variable : d'abord, parce qu'une fraction importante des richesses consiste en produits des industries agricole et pastorale, placées sous la dépendance des phénomènes météorologiques ; ensuite, parce que la totalité de la production de ces mêmes richesses se trouve aujourd'hui, dans les pays dits civilisés, liée directement, entre certaines limites, à la somme de numéraire qui constitue la circulation effective de chaque Etat, et par conséquent, dans l'hypothèse figurée plus haut, liée avec le *quantum* absolu de numéraire, croissant et diminuant (toutes choses égales d'ailleurs) avec cette même somme, ce qui est en contradiction formelle avec l'aphorisme de la raison inverse.

C'est ce qu'a parfaitement compris un économiste fort distingué, quoiqu'il ne soit ni orthodoxe, ni membre de l'Institut, M. Paul Cauwès, lorsque, dans l'ouvrage que cite la note précédente, il donne tort à J.-B. Say, pour avoir affirmé (d'accord avec Hume, Adam Smith, etc.) que « la » quantité de numéraire que possède un pays est » sans influence sur l'économie nationale, et que » l'augmentation du numéraire n'appauvrirait ni » n'enrichirait un Etat », et lorsqu'il ajoute « que » l'abondance de numéraire facilite les transac- » tions, et de cette manière agit comme stimulant » de la production ».

En effet, dans la phase économique que traversent aujourd'hui les peuples de la civilisation occidentale, et qui a pour base une liberté plus ou moins complète d'industrie et d'échange, le rôle du numéraire ne se borne pas à représenter les diverses richesses dans les transactions. Il joue le rôle non moins important de moteur du travail, et il en résulte que comme il existe, dans tous les pays dont il s'agit, nombre de bras et d'intelligences disponibles, nombre d'entreprises susceptibles d'augmenter la production, et un personnel apte à les diriger, toute augmentation de la quantité de l'instrument d'échange, pourvu qu'elle ne soit pas exagérée, suscite une augmentation correspondante des produits et des transactions.

De même, une diminution du numéraire n'augmenterait pas la valeur de celui-ci, parce que, réduisant le capital disponible, elle diminuerait dans la même, ou dans une plus forte proportion, la production et les transactions (1).

Outre les circonstances météorologiques ci-dessus citées et l'importance du numéraire effectivement disponible, il y a d'autres causes variables qui influent aussi, dans chaque pays, sur la quantité des richesses, et, par ricochet, sur la valeur du numéraire.

C'est ainsi que, pour les produits de l'industrie manufacturière, l'abondance ou la rareté de la

(1) Pour appliquer à la quantité absolue de numéraire d'un État ce que je viens d'établir à propos de celle qui figure effectivement dans les transactions, on n'a nul besoin de supposer un rapport constant entre ces deux quantités, parce que l'augmentation ou la diminution de la quantité absolue de numéraire ne peut se réaliser pratiquement que sous la forme d'augmentation ou diminution du capital flottant qui alimente toutes les transactions.

matière première (ou son prix d'achat, car souvent elle vient de l'étranger) exerce une influence marquée sur la production.

De plus, — comme, par suite des relations commerciales entre les divers États, de la croissante facilité et baisse de prix des transports, toutes les richesses ne sont pas forcément consommées dans les limites de l'État producteur et peuvent chercher au dehors des conditions meilleures d'utilisation, — il en résulte que, dans bien des cas, la nature des richesses, leur plus ou moins de mobilité, inversement leur plus ou moins grande difficulté de conservation, constituent aujourd'hui, pour la détermination de la quantité qui correspond dans chaque localité à une somme donnée de numéraire, un facteur plus important que la quantité absolue de ces mêmes richesses.

En effet, si le pouvoir du numéraire pour l'acquisition d'immeubles dépend avant tout du rapport local entre l'offre et la demande, et si ce même rapport est également prédominant, pour la détermination du prix des produits alimentaires, que l'on ne peut conserver et exporter sans difficultés, et dans une certaine mesure du prix de la main-d'œuvre, il n'en est pas de même pour les objets manufacturés, et pour un grand nombre de produits naturels d'une utilité générale, dont la valeur ne dépend pas de la relation locale entre l'offre et la demande, mais de celle qui existe entre l'offre et la demande, dans toute l'étendue de leur zone d'utilisation.

Or, pour les marchandises en général et pour beaucoup des produits dont il s'agit, la zone d'utilisation comprend un grand nombre d'Etats ; et, par conséquent, l'inégalité qui peut exister entre les quantités de numéraire possédé par chacun d'eux n'a aucune influence directe sur la détermination de son pouvoir d'acquisition en ce qui concerne ces produits et marchandises.

Pour résumer ce qui précède, je dirai que, si les économistes orthodoxes s'étaient livrés au travail d'analyse auquel je viens de procéder :

Ils se seraient convaincus que la détermination de la valeur de la monnaie n'est pas une question tellement simple qu'on puisse la résoudre par l'expression d'un rapport mathématique appliqué à l'un des facteurs qui concourent à cette détermination ;

Ils auraient reconnu que c'est un phénomène complexe, dans lequel figurent, outre les deux facteurs essentiels, liés par une certaine corrélation directe, d'autres facteurs qui modifient l'importance relative des premiers à un tel point que la quantité de numéraire que possède un Etat n'exerce une influence prépondérante sur la détermination de la valeur de ce même numéraire, que dans certains cas spéciaux, à savoir pour l'acquisition de certaines richesses ou utilités inexportables dont le nombre décroît chaque jour avec les progrès de la civilisation ;

Et ils seraient finalement arrivés à cette conclusion qu'il est profondément inexact de répéter, après Hume, Adam Smith, J.-B. Say, etc., *que la valeur de la monnaie, dans un Etat quelconque, est inversement proportionnelle à sa quantité dans le même Etat.*

III

Hume avait bien vu que les pays les plus avancés en civilisation, les Etats les plus riches et les
plus prospères étaient ceux qui possèdent la plus
grande somme de numéraire. Il avoue lui-même,
dans le même *Essai sur la monnaie*, « que toutes
» les fois que le numéraire afflue dans un pays,
» tout y prend une apparence nouvelle : le travail
» et l'industrie montrent plus de vie » ; et plus
loin que, « quand la quantité de numéraire dimi-
» nue, le peuple souffre et surviennent la pau-
» vreté et l'oisiveté ».

Malgré cela, il n'en a pas moins continué à soutenir que, « pour un Etat considéré isolément, il
» est indifférent qu'il possède peu ou beaucoup
» de numéraire, et que l'abondance de ce même
» numéraire lui est préjudiciable dans ses rela-
» tions commerciales avec les autres Etats ».

Il avait bien vu aussi que cette seconde affirmation était en contradiction formelle avec la
première ; mais, appuyé sur le principe (pour lui
évident, et que, pour ce motif, il ne s'est pas
donné la peine de vérifier) que « le prix des
» choses, dans un Etat quelconque, est directe-
» ment proportionnel à la somme de numéraire
» qu'il possède », il a tenté d'expliquer cette
contradiction en disant que *ce qu'on attribue à la
rareté du numéraire provient des usages et habi-
tudes, de la confusion entre la cause et l'effet.*

Cette soi-disant explication ne satisfait pas, car

elle n'atténue pas même le démenti que les faits donnent à la théorie. Néanmoins, Hume s'en est contenté. Adam Smith et ses disciples et successeurs ne paraissent pas s'être montrés plus exigeants, car ils n'ont pas même cherché une explication plus plausible, et ont continué à croire que *l'abondance de numéraire élève le prix des choses et sa rareté l'abaisse*, sans ajouter l'indispensable correctif : *toutes choses égales d'ailleurs*, qui aurait rendu leur affirmation compatible avec la réalité.

L'éminent économiste américain H. C. Carey, dans ses *Principes de science sociale* (tome II, chapitre 23), partant du point de vue que la monnaie est le véhicule des transactions, montre qu'elle constitue le plus puissant instrument d'association entre les individus, celui qui contribue le plus à augmenter le pouvoir de production, consommation et épargne, et prouve, au moyen de nombreux exemples tirés de la situation économique des principaux pays du monde, qu'il existe une corrélation intime et nécessaire entre l'augmentation des richesses publiques et particulières et celle du numéraire — ou des moyens de suppléer à son insuffisance.

Le fait de la corrélation est incontestable, et l'orthodoxie ne peut le nier ; mais elle l'explique à sa manière, en disant que l'abondance de numéraire est le résultat et non la cause de la richesse et de la prospérité des pays dont il s'agit, et que, par conséquent, cette corrélation ne peut servir d'argument contre sa thèse, d'autant plus qu'il est impossible de nier que, dans les pays pauvres, on achète les objets de première nécessité pour l'alimentation et l'on paie les loyers des terres, des maisons et des bras moins cher que dans les pays riches.

Ce bon marché relatif de certaines utilités, produits ou services, dans les pays pauvres est réel, et l'on peut en déduire (ce que, du reste, personne ne nie) qu'il existe une certaine corrélation en sens inverse entre la circulation effective d'un pays, et indirectement, dans une certaine mesure, entre la quantité absolue du numéraire qu'il possède et le pouvoir d'acquisition de ce même numéraire, par rapport à certaines richesses. Mais il ne s'ensuit pas que l'on puisse étendre légitimement cette corrélation partielle à toutes les richesses, et, à plus forte raison, en tirer la proportionnalité mathématique inverse, comme l'ont fait Hume, Adam Smith et leurs disciples et successeurs.

Entre temps, pour qui n'aurait pas été convaincu de l'inadmissibilité de l'aphorisme de la raison inverse, — tel que le formule l'orthodoxie, — par l'analyse exposée dans le chapitre précédent, corroborée par les faits économiques énumérés par H. C. Carey, il y a un procédé d'étude pratique de la question qui ne laisse place à aucune ambiguïté, ne donne prise à aucun sophisme, et montre avec la plus complète évidence que l'aphorisme en question est démenti par les faits.

Ce procédé bien simple se réduit à examiner, dans les divers pays, non plus le pouvoir d'acquisition du numéraire pour les diverses richesses — immeubles, services, produits naturels ou manufacturés, etc. — mais, ce qui est en réalité la même chose, sous une forme plus claire et plus compréhensible, la valeur de ces mêmes richesses en monnaie courante, et à rechercher la relation qui existe entre ces dites valeurs ou prix et la quantité de numéraire en circulation, effective ou absolue, que possède chacun de ces mêmes pays (1).

La statistique, malgré ses récents progrès, ne nous fournit pas de données qui nous permettent d'établir pour tous les pays, ni même pour les principaux pays du monde, l'état de leur circulation effective, celle qui, comme nous l'avons vu précédemment, agit directement sur la détermination des valeurs. Mais ce n'est pas à cette circulation effective, c'est seulement à la quantité absolue de l'instrument d'échange que se réfère l'aphorisme orthodoxe, et, quant à celle-ci, la statistique nous donne, pour ce qui est des principaux États civilisés, des chiffres qui représentent aussi exactement que possible son importance relative et sa proportionnalité avec la population de chaque État.

Or, ces chiffres, — qui comprennent, outre la monnaie proprement dite, avec ou sans valeur intrinsèque, la circulation fiduciaire non couverte

(1) Je crois l'expression « circulation » préférable à celle de numéraire, parce que, pour beaucoup de gens, cette seconde expression ne s'applique qu'aux espèces métalliques ; or il y a des pays, comme l'Autriche et la Russie, qui n'ont guère d'autre stock métallique que celui que contiennent les caisses des banques d'émission, et d'autres, comme le Brésil et ses voisins, qui n'ont que du papier-monnaie ou des billets de banque à cours forcé.

par des réserves équivalentes de monnaie légale.
— montrent qu'il existe entre les divers pays la
plus complète inégalité (1).

C'est ainsi qu'au commencement de 1884, M. O.
Haupt, appréciant la circulation monétaire des
principaux États qui forment l'union latine, leur
attribuait, en millions de francs, la proportion
suivante :

France,   8.790 millions, ou, par habitant,   239 fr. 90
Belgique,   937   »   »   »   163 fr. 30
Italie,   1.789   »   »   »   63 fr. 28
Suisse,   183   »   »   »   64 fr. 50

A la même époque, d'après le D[r] Sœtbeer, le
stock d'espèces métalliques et de billets de banque
à découvert était : dans le Royaume-Uni, de
143.403.000 livres, ou 4 liv. 15 shillings par
habitant ; aux États-Unis de l'Amérique du Nord,
de 1.541.588.140 dollars, ou 31 dollars par habitant, et dans l'empire allemand, de 3.050 millions
de reichs marks, ou 65 marks par habitant.

(1) Pour moi, l'attribut essentiel de la monnaie est l'acceptation
générale, qui, aujourd'hui, dans tous les pays civilisés, résulte du
privilège de la *puissance libératrice* concédée par les pouvoirs
publics à l'instrument d'échange, lequel, avec ou sans valeur
intrinsèque, solde légalement n'importe quelle transaction civile
ou commerciale.

La circulation fiduciaire est celle dont la valeur repose sur sa
convertibilité facultative en monnaie légale ; d'où il résulte que
cette dénomination ne peut s'appliquer logiquement au papier
d'État ni aux billets de banque à cours forcé, qui constituent une
monnaie véritable, puisqu'ils n'ont pas besoin d'être convertis
pour solder légalement toutes les transactions civiles ou commerciales.

Convertissant les livres sterling, les dollars et les reichs marks en francs, nous trouvons :

Grande-Bretagne 3.585.077.777 fr. ou, par habᵗ, 119 fr. 93
États-Unis   7.707.940.700   »   »   155 fr.   »
Empire allemand 3.812.500.000   »   »   81 fr. 25

J'ajoute à cette liste le Brésil, qui, avec une population de plus de 14 millions d'habitants, possède à peine pour 500 millions d'instruments d'échange ou 35 fr. par habitant.

Dans le discours qu'il a prononcé au Sénat brésilien, le 3 juillet 1888, M. le vicomte d'Ouropreto nous donne, comme extraits du *Dictionary of statistic* de Mulhal, les chiffres suivants qui diffèrent un peu de ceux que je viens de citer. C'est ainsi qu'il attribue :

A la France . . . . . . 265 fr. 10 par habitant.
A la Hollande . . . . 208 fr. 33   »
A la Belgique . . . . 191 fr. 92   »
Aux États-Unis . . . . 145 fr. 20   »
A la Grande-Bretagne. 133 fr. 83   »
A l'Italie. . . . . . . 95 fr. 90   »
Au Portugal . . . . . 88 fr. 38   »
A l'Allemagne . . . . 80 fr. 79   »
A l'Espagne . . . . . 79 fr. 54   »

On ne peut prétendre à une exactitude absolue pour des calculs de ce genre ; et il n'est pas étonnant que les chiffres du *Dictionary* ne soient pas exactement les mêmes que ceux de MM. Haupt et Sœtbeer. Du reste, que ce soient ceux-ci ou ceux-là qui approchent le plus de la réalité, c'est chose de peu d'importance pour la question dont nous nous occupons, puisque l'une et l'autre évaluations montrent qu'il existe, entre les quantités de circulation des divers pays, des inégalités telles, qu'en France, par exemple, la proportion par habitant est double de celle de la Grande-Bretagne, trois fois plus forte qu'en Allemagne et près de huit fois celle du Brésil.

Or, nous voyons que, malgré de semblables inégalités, un nombre considérable de richesses, — parmi lesquelles figurent tous les produits de la grande industrie manufacturière, les principales matières premières dont elle a besoin, et jusqu'aux substances alimentaires dont la consommation est la plus générale : café, blé, sucre, maïs, farines, viandes et poissons conservés par des procédés divers, — peuvent être achetées en entrepôt, aux frontières maritimes ou fluviales de chaque État, pour la même somme d'argent, ou tout au plus, quand il s'agit de produits pour lesquels il existe un monopole de fait, avec une majoration correspondant seulement à la distance du lieu de production.

En dehors des entrepôts, les prix sont plus élevés, et cela dans une proportion différente en chaque pays ; mais la différence provient uniquement des droits de douane et d'octroi et des frais de transport pour les diverses localités, sans que le chiffre de circulation de l'Etat que l'on considère ait la moindre action directe sur la détermination de ces prix.

Quant aux prix généraux et uniformes dont je viens de parler, bien que liés intimement au coût de la production, ils sont déterminés par la relation entre l'offre et la demande dans toute l'étendue de la zone de consommation de chaque richesse; or, non seulement cette zone comprend divers Etats, mais encore elle prend chaque jour une plus grande amplitude ; et l'uniformité des prix s'applique à un plus grand nombre de produits, à mesure que les transports internationaux deviennent plus faciles, plus rapides et moins dispendieux.

Cette constitution des prix, qui sont les mêmes dans des Etats différents, malgré les inégalités de richesse et de circulation monétaire qu'ils présentent, n'est pas un fait nouveau, puisqu'il date de l'inauguration des relations commerciales entre les diverses nations ; mais ce n'est que dans ce siècle qu'il a pris une grande extension et s'est appliqué à un nombre de richesses de plus en plus considérable.

Il n'y a aujourd'hui d'exception que pour les immeubles, — terres et édifices, — pour la main-d'œuvre (1), et pour ceux des produits de l'agriculture, de la chasse et de la pêche que l'on ne peut conserver un certain nombre de jours, ou dont la valeur est tellement infime qu'ils ne peuvent supporter les dépenses d'exportation.

Pour ces derniers produits, dont la zone d'utilisation n'a souvent qu'un petit nombre de lieues,

---

(1) « De toutes les utilités, exception faite de la terre, l'homme est celle qui se déplace le plus difficilement. C'est pour cela que la rareté du numéraire cause tant de souffrances à ceux qui n'ont à vendre que le service de leurs bras. Le coton, le sucre, le drap, le fer, peuvent aller chercher au dehors d'autres marchés ; mais le travailleur, sa femme et ses enfants sont en quelque sorte enchaînés au sol où ils ont établi leur demeure. La terre et la population qui l'habite suivent le même destin. »

(H.-C. CAREY, *Principles of social science*, chap. 28.)

de même que pour les richesses inexportables, ce qui influe d'une manière décisive pour la détermination de leurs prix, ce n'est ni la quantité absolue de l'instrument d'échange, ni même la circulation effective du pays, mais uniquement la somme d'argent disponible dans la zone respective.

C'est pour cela que, même dans les pays les plus avancés dans la voie des améliorations matérielles, on rencontrait, avant l'établissement des chemins de fer, certaines localités où la rente de la terre, le loyer des maisons, les journées des travailleurs et quelques-unes des substances alimentaires les plus indispensables étaient bien meilleur marché que dans d'autres localités appartenant au même État.

Le montant de la circulation effectivement disponible, et indirectement la quantité absolue de numéraire d'un pays quelconque, ne pourrait exercer une action prépondérante que sur la détermination du prix des richesses (s'il y en a qui soient dans ce cas) dont la zone d'utilisation ne dépasserait pas les limites du territoire national et l'embrasserait tout entier. Il y a plus : même dans cette hypothèse, cette influence ne serait sensible que pour celles de ces richesses dont la conservation n'est pas difficile ni la quantité sujette à de grandes variations ; car pour les autres — poissons, gibiers, fruits et certains légumes — l'abondance ou la rareté de l'offre exerce, pour la détermination du prix, une action beaucoup plus efficace que la demande correspondant à la quantité de circulation disponible pour l'achat, quantité dont la somme, limitée par le besoin local, ne

peut accompagner les oscillations de l'offre, vu le
peu de temps pendant lequel ces produits sont
susceptibles d'utilisation.

IV

Je crois avoir prouvé, dans les chapitres précé-
dents, l'inadmissibilité de l'aphorisme orthodoxe,
et montré que la somme de circulation effective
d'un État, et, à plus forte raison, la quantité absolue de numéraire qu'il possède, n'exerce, sur
les prix des diverses richesses, et, par conséquent,
sur la propre valeur de ce même numéraire, qu'une
action essentiellement variable, parfois insignifiante, et nulle dans certains cas.

Si maintenant nous considérons, non plus un
pays isolément, mais l'ensemble des États réunis
aujourd'hui par des relations commerciales de
jour en jour plus fréquentes, et si nous y recher-
chons la relation qui existe entre le prix des choses en général et la totalité de la circulation dans
tous ces États, nous voyons, en effet, que le montant total de cette circulation est un des facteurs
essentiels des prix généraux, lesquels dépendent
de son rapport avec l'autre facteur essentiel et
éminemment variable : la quantité de richesses ou
utilités.

Il s'ensuit que, si l'augmentation de la circulation effective, et indirectement de la quantité absolue de numéraire dans le monde civilisé, est
plus rapide que celle des richesses, cette augmentation tend à élever les prix, et agit dans le sens
de l'aphorisme orthodoxe, mais sans qu'il s'en-

suive une proportionnalité mathématique ; ce qui fait que, même dans cette sphère, beaucoup plus ample que celle où Hume, Adam Smith et leurs successeurs circonscrivaient son action, il ne peut être considéré comme l'expression de la vérité.

On peut accepter cet aphorisme, avec l'indispensable restriction de « toutes choses égales d'ailleurs », comme indiquant une tendance générale, mais sans lui accorder la proportionnalité mathématique, à laquelle il ne saurait prétendre en aucun cas, sans en excepter l'hypothèse — inconciliable avec la réalité positive, quoiqu'elle ait été présentée comme argument par quelques-uns de ses défenseurs, — où tout le numéraire d'un Etat viendrait à se trouver doublé du soir au lendemain dans les coffres publics et les poches des particuliers.

Cette tendance générale est, en effet, celle que manifeste l'histoire des prix, telle qu'elle se présente à nous depuis quelques siècles.

Les statisticiens les plus compétents évaluent à 2 milliards, moitié en Orient, moitié en Occident, la quantité de métaux précieux monnayés existant dans le monde lors de la découverte de l'Amérique en 1492. Depuis lors, et principalement dans le siècle où nous sommes, par suite de la découverte et de l'exploitation des *placers* de la Californie et de l'Australie, le stock métallique monétaire de l'humanité a subi une augmentation de 33 milliards de monnaie d'argent, et 25 milliards de monnaie d'or (1). Ce stock est donc, aujour-

(1) La production des mines s'est élevée à 49 milliards d'argent et 39 milliards d'or; mais on calcule que 2/3 seulement ont été convertis en monnaie.

d'hui, trente fois plus considérable qu'à la fin du quinzième siècle, et cependant les prix des choses, en général, sont loin d'avoir augmenté dans la même proportion.

Ils ont diminué pour un grand nombre d'objets manufacturés, et pour quelques produits excessivement rares autrefois, comme par exemple le sucre, qui valait 2 francs l'once en 1450. Pour d'autres, l'augmentation est insignifiante. Elle ne se montre notable que pour les salaires, les immeubles et la plupart des substances alimentaires, dont les prix sont aujourd'hui quatre ou cinq fois plus élevés qu'au quinzième siècle, mais devraient l'être trente fois plus pour être d'accord avec l'aphorisme de la valeur de la monnaie, dans les termes étroits où Hume et Adam Smith l'ont proclamé et leurs successeurs l'ont conservé.

Pour résumer tout ce qui précède, je me crois autorisé à formuler les conclusions suivantes :

1° L'aphorisme qui nous donne la valeur de la monnaie, c'est-à-dire son pouvoir d'acquisition dans chaque État, comme inversement proportionnel à la quantité de monnaie que possède le même État, est radicalement erroné et l'orthodoxie doit le rayer de son *credo*.

2° La quantité de monnaie qui circule effectivement dans un État quelconque, et — en proportion différente pour chacun d'eux — la quantité absolue de cette même monnaie, est un des deux facteurs essentiels de la valeur de celle-ci ; mais la quantité de richesses ou utilités qui s'offre sur le marché et constitue l'autre facteur essentiel de cette valeur est à la fois éminemment variable, directement liée entre certaines limites avec le montant de la circulation, et dépend non seulement de la nature de chaque richesse ou utilité, mais aussi de la difficulté plus ou moins grande que présente sa conservation, et surtout de l'étendue de sa zone d'utilisation.

3° Pour certaines richesses ou utilités — étoffes, métaux ouvrés, et en général tous les produits de la grande industrie; pour la houille, le coton, la soie, la laine, le sucre, le café, le blé, le maïs, les farines; pour les viandes, poissons en conserve, etc. — la zone de consommation ou utilisation embrasse aujourd'hui la quasi-totalité des Etats dits civilisés, tandis que, pour la majeure partie des fruits, légumes, gibier, poissons frais, lait, etc., hier encore leur zone respective ne s'étendait pas au delà de quelques lieues; même aujourd'hui cette zone ne comprend pas généralement la totalité du territoire national, et ce n'est qu'exceptionnellement qu'ils peuvent donner lieu à exportation.

4° La valeur ou pouvoir d'acquisition de la monnaie, en chaque Etat, ne serait déterminée par le rapport entre la portion de cette même monnaie appliquée effectivement aux achats et la quantité des richesses existantes qu'autant que la zone de consommation ou utilisation des dites richesses se confondrait exactement avec le territoire national, et que, de plus, la conservation en serait facile et le transport gratuit.

5° La quantité effective de la circulation, et, à plus forte raison, la quantité absolue du numéraire d'un Etat, n'a aucune action directe sur le pouvoir d'acquisition de la monnaie pour les richesses dont la zone d'utilisation est supérieure ou inférieure à la superficie du même Etat. En ce qui concerne ces richesses, la valeur de la monnaie résulte du rapport existant, dans chaque zone respective, entre la somme de numéraire disponible pour l'achat et la quantité des dites richesses qui s'offre sur le marché.

6° Il en résulte que, quand la zone de consommation des richesses comprend divers Etats, la quantité de monnaie qu'exige leur acquisition est la même chez tous (sauf les différences dues aux droits de douane et frais de transport à l'intérieur), malgré les inégalités qui peuvent exister entre le montant des circulations respectives de ces Etats et le *quantum* absolu de numéraire dont chacun d'eux peut disposer.

7° La tendance du siècle, par la facilité croissante des communications, par la rapidité et le bon marché des transports, par le perfectionnement des procédés de conservation des substances alimentaires, est d'uniformiser la valeur de la monnaie dans toute l'étendue du territoire de chaque nation ; — d'élargir de plus en plus les zones d'utilisation, par la réduction progressive du nombre de richesses dont la valeur reste encore aujourd'hui influencée indirectement par la quantité du numéraire national, — et finalement de se rapprocher chaque jour davantage de ce que l'on peut considérer comme l'idéal, à savoir : l'uniformité de la valeur de la monnaie dans toute l'étendue du globe.

H.-A. MILET.

Pernambuco (Brésil). — Mars 1889.

DES DANGERS DE L'ÉPARGNE [1]

Omnia in mensura et numero et pondere disposuisti. (Eccl.)

La morale et l'économie politique orthodoxe se donnent la main pour recommander les épargnes, et nous voyons aujourd'hui, par tout le globe civilisé, une tendance des plus prononcées à les stimuler.

Cette tendance se manifeste dans les efforts que font à l'envi gouvernements et particuliers pour les faciliter et en étendre les effets à toutes les classes et tous les membres de la communion sociale, en multipliant les caisses d'épargne, les sociétés de secours mutuels et d'assurances de toutes sortes. C'est ainsi qu'on a fondé récemment : en Angleterre, les *Penny-Banks ;* en France, les Caisses d'épargne scolaires et postales.

N'y a-t-il dans cette tendance rien qui ne soit utile et irrépréhensible ? Ne doit-elle pas, au contraire, être maintenue entre certaines limites assignées par la théorie, et n'a-t-elle pas, en fait, concouru dans une proportion quelconque à la crise qui a pesé, dans ces derniers temps, sur les principales nations du monde ? Ne devons-nous pas redouter enfin qu'elle détermine, à délai plus

(1) Extrait du numéro Septembre-Octobre 1890 de la *Revue d'économie politique.*

ou moins bref, la reproduction des calamités causées par cette crise? C'est ce que je me propose d'examiner ici.

Dans la sphère du concret, rien n'est absolument bon ni absolument mauvais ; tout dépend de la mesure, et les meilleures choses, poussées à l'excès, deviennent préjudiciables. C'est là une vérité, aussi ancienne que la civilisation elle-même, qu'expriment nombre de ces aphorismes syncrétisant l'expérience des nations (*in medio stat virtus*, disaient les anciens Romains), et qu'oublient presque toujours les économistes orthodoxes, habitués à pousser jusqu'à leurs dernières conséquences les déductions des principes qu'ils croient avoir établis.

C'est à l'épargne que l'on doit le premier capital ans lequel tout progrès eût été impossible. Sans lui, l'humanité ne serait pas sortie de la sauvagerie préhistorique, et l'homme disputerait encore à ses semblables et au reste du règne animal une alimentation insuffisante. L'épargne est donc bonne par un côté ; mais qui dit épargne dit privation, — privation dans le présent en vue d'avantages à venir ; par conséquent il est clair qu'appliquée à l'individu elle ne peut lui être conseillée sans restrictions. De même que celui-ci ne doit jamais la pousser jusqu'au point de compromettre sa vie ou même sa santé, logiquement elle doit à la fois rester en juste proportion avec ce qu'on attend d'elle dans l'avenir, et être employée pour cette fin, sans quoi elle n'aurait pas de justification.

Jusqu'ici personne, je le crois, ne présentera d'objections.

Mais n'y a-t-il pas, pour les nations comme pour les individus, des limites au delà desquelles les épargnes peuvent devenir préjudiciables, et certains cas dans lesquels elles le sont forcément? Cela est indiqué par l'analogie et me paraît incontestable; mais les maîtres de la science dans le vieux monde ne semblent pas avoir donné à ce côté de la question l'attention qu'il mérite. En présence de maux dus à l'oubli de ces limites, ils n'ont pas su en reconnaître l'origine; de là, l'incohérence des remèdes employés par les hommes d'Etat.

Cependant, cette question des limites, dans lesquelles l'épargne doit se maintenir pour ne pas être nuisible à la société, est d'une immense importance économique et politique, et mérite de sortir de la pénombre où elle a été laissée.

Un écrivain distingué du commencement du siècle actuel, M. de St-Chamans, à qui les orthodoxes refusent à tort le titre d'économiste, montre, dans un spirituel épisode de son *Traité d'économie publique,* tous les artisans d'une ville réduits à la plus complète misère, pour avoir suivi à la lettre les conseils de l'économiste M. André, et réduit leur consommation pour augmenter leur production. Les économistes orthodoxes ne lui ont répondu que par des plaisanteries; mais ses arguments sont irréfutables, comme l'avoue M. Cauwès, dans son *Précis d'économie politique.*

Il y a donc des limites pour les nations comme pour les individus. Quelles sont-elles? Je vais essayer de les fixer, sans me dissimuler combien il est difficile de concréter dans une formule simple et de facile application des règles qui dépendent nécessairement, pour chaque pays, des circonstances spéciales dans lesquelles il se trouve, de son état social, de l'organisation qu'y affecte le travail, de l'importance du travail antérieurement accumulé, de la direction prise par l'activité nationale, et surtout de la forme sous laquelle s'y réalisent les épargnes.

Durant les premiers âges de l'humanité, les épargnes étaient directes et à peine de deux sortes : mise en réserve de produits naturels et principalement de substances alimentaires ; accumulation de travail sous forme d'instruments de chasse et de pêche, plus tard de bestiaux. Il suffisait alors que les individus ne sortissent pas des bornes dont j'ai parlé plus haut, qu'ils ne s'imposassent pas des privations telles que leur santé se trouvât compromise ; et, quand même ils les eussent dépassées, leurs épargnes, quelles qu'elles fussent, n'auraient causé à la communauté d'autre mal que le préjudice indirect et contingent résultant de l'infériorité physique dans laquelle ils se seraient trouvés, soit au point de vue du travail, soit au point de vue de la résistance aux peuples plus forts, qui auraient cherché à les dépouiller ou à les réduire en esclavage.

Plus tard, l'agriculture se développa, l'industrie naquit et le commerce apparut. Mais, quoique la division du travail existât déjà entre les individus et les peuples dont le commerce échangeait les produits ; quoique l'on usât de monnaie et que les pauvres servissent les riches moyennant salaire, la sphère d'action des épargnes ne put prendre beaucoup d'ampleur, tant que la majeure partie du travail nécessaire à l'existence des différents groupes de population continua à avoir pour moteur le principe d'autorité, — celle du chef sur les membres de sa famille, du maître sur l'esclave et plus tard sur le serf et le colon, — et que la répartition des produits dépendit essentiellement de ce même principe d'autorité.

Il est certain que, si, dès cette époque, la plus ou moins grande quantité de numéraire jetée dans la circulation par la consommation commençait à influer sur la production et le bien-être d'une partie des membres de la société, cette influence était peu importante, — en premier lieu, à cause de l'insignifiance des sommes servant à rémunérer directement les producteurs, comme aussi en raison du petit nombre relatif de salariés de tout genre et de leur faible action politique ou sociale.

Les choses continuèrent du même train jusqu'à une époque relativement voisine de nous, — la phase où nous vivons, laquelle date à peine de deux siècles, et est caractérisée par ce fait que le travail, dit libre, se trouve chargé de la production du plus grand nombre d'utilités. Le rôle que jouait précédemment le principe d'autorité, comme transmetteur des ordres de la consommation aux producteurs, est de jour en jour, dans cette phase, plus complètement dévolu au numéraire mis en circulation par la consommation, ainsi qu'il arrive aujourd'hui pour tous les produits autres que ceux provenant d'un service public ou consommés par leur propre producteur.

Quoique, aujourd'hui même, une grande partie

des utilités produites appartienne à cette dernière catégorie, toutefois, avec le travail libre, avec sa division et sa spécialisation, l'échange s'applique à une quantité prépondérante d'utilités, desquelles la valeur détermine celle des utilités consommées directement par leurs producteurs respectifs.

Or, la valeur d'une utilité quelconque, maté-rielle ou immatérielle, soumise au régime de l'échange, est ce que la société consent à donner pour la rémunérer ; elle dépend, en n'importe quel instant ou quel lieu, du rapport entre l'offre et la demande (effective). Il en résulte pour ces utilités un théorème que je n'ai pas rencontré dans les livres des économistes, mais qui n'en a pas moins une grande importance et comporte d'intéressants corollaires.

On peut, je crois, le formuler de la manière suivante :

« Au sein de n'importe quelle nation ou société humaine, la somme des valeurs des utilités pro-duites est, à chaque instant, égale à celle des uti-lités consommées. »

Et assigner à ce théorème le nom d'*équation de la consommation* (1).

(1) Cette formule présuppose que les utilités *n'ont de valeur que quand la société les utilise*, c'est-à-dire les paye, et laisse en dehors de la production non seulement les utilités réellement produites qui ne trouvent pas d'acheteur, mais encore les produits virtuels, pour ainsi dire, pour lesquels l'outillage social serait suffisant, mais qui ne viennent pas au jour, faute de demande ; et ce sont pourtant ceux dont les producteurs souffrent les premiers des effets restrictifs de la consommation. Je crois donc qu'à la formule ci-dessus, il vaut mieux substituer la suivante :

« Dans chaque nation ou société humaine, la rémunération des

La proposition qui précède est évidente pour toutes les utilités qui donnent lieu à des échanges ; mais elle s'applique également aux utilités que leur producteur consomme directement, car celles-ci figurent pour la même somme dans les deux membres de l'équation. De même, la somme des valeurs des utilités produites n'est pas altérée par le fait des épargnes réalisées sous forme de monnaie, lorsque ces dernières sont immédiatement appliquées de manière à rétribuer directement ou indirectement le travail national. Au contraire, l'altération est fatale lorsque leur emploi n'entraîne pas une consommation équivalente de ce même travail. Dans ce cas, leur valeur devant être soustraite du second membre de l'équation, il s'ensuit, pour le premier membre, une réduction proportionnelle, ou, en d'autres termes, la somme d'argent que la société consacre à la rétribution des utilités produites se trouve diminuée dans la même proportion.

Il résulte de ce qui précède que, dans les cas que je viens de figurer, l'épargne revêt un caractère social, puisqu'elle détermine une diminution correspondante du prix des services rendus à la

producteurs est, à chaque instant, identique à la somme des valeurs des utilités consommées. »

L'expression « rémunération des producteurs » est plus claire et plus compréhensible que celle : « somme des valeurs des utilités produites »; elle offre moins de prise aux objections, et, en somme, traduit mieux notre pensée.

A la diminution de la consommation, conséquence forcée des économies inemployées, exportées ou détruites, correspond une diminution équivalente de la rémunération des producteurs ; mais cette diminution ne se répartit pas proportionnellement sur tous les services ou utilités.

société ; par conséquent, dans ces mêmes cas, l'individu ne peut réclamer le droit absolu d'user et abuser de ses épargnes, et le pouvoir social peut intervenir quand il le juge nécessaire, puisque de l'emploi que l'individu fait de ses épargnes peut dépendre l'importance de la rémunération de tous les membres de la société.

Celle-ci, de la même manière que l'individu considéré plus haut, peut, malgré les privations qui en résultent, accepter ces diminutions en vue des avantages qu'elle espère en obtenir dans un avenir plus ou moins éloigné ; mais ces réductions doivent toujours se renfermer entre certaines limites qui ne peuvent être laissées, sans danger, à l'appréciation arbitraire des individus.

Il est clair que cette exigence ne saurait s'appliquer aux épargnes que chaque membre de la société peut faire d'utilités produites par lui-même, afin d'avoir du temps disponible, soit pour le repos, soit pour augmenter ou améliorer ses instruments de travail ; mais elle est de rigueur pour les épargnes en numéraire qui ne sont pas immédiatement transmises à qui les emploiera, dans le pays même, en consommations ou en salaires, et cela sous peine de déficit dans la rémunération des producteurs.

Cette transmission plus ou moins directe est, en réalité, ce qui se passe d'ordinaire ; mais il est des cas où le déficit est inévitable, comme, par exemple, quand les épargnes sont employées à l'achat d'utilités produites dans d'autres pays, ou de titres de rentes étrangères, quand elles sont dépensées au dehors, et aussi quand, dans le pays même, on les applique à l'augmentation du capital flottant.

S'ensuit-il que l'on doive prohiber d'une manière absolue, au sein de chaque nation, ces divers emplois des épargnes individuelles? Certainement non. Le déficit que cause, dans la répartition, l'absence du numéraire employé en achats de produits étrangers, peut être compensé et au delà par l'entrée de celui que les nations étrangères consacrent à l'achat de nos produits, et ce résultat peut concourir par conséquent à augmenter la rémunération du travail national. Les prêts faits aux pays étrangers présentent aussi parfois des avantages que M. Leroy-Beaulieu a mis en évidence dans les colonnes de l'*Économiste français*; et, en définitive, quand le pays débiteur paye les intérêts stipulés, ces prêts ont pour résultat de faire travailler gratuitement l'étranger à notre bénéfice, — l'argent que nos nationaux ont envoyé au dehors pouvant être plus que compensé par celui que les étrangers rapportent chez nous. Enfin, il se peut que l'augmentation du capital flottant, faisant baisser le taux de l'intérêt, détermine également, en ce qui le concerne, une augmentation de production et de consommation.

Mais il est clair, d'autre part, que ces résultats finaux avantageux ne sont que des *possibilités*, tandis que la diminution de la rétribution générale occasionnée par les diverses applications des épargnes individuelles dont je viens de parler est immanquable; et, par conséquent, le pouvoir social *doit* s'efforcer de les éloigner de cette direction dans tous les cas où il n'y a pas probabilité de compensation.

Les économistes, en général, ne se sont guère occupés de ces questions, parce que l'orthodoxie répugne à admettre la nécessité de restreindre la liberté individuelle dans les relations économiques, et aussi parce que, d'ordinaire, ni la concentration des capitaux, ni les prêts faits aux nations étrangères, ni les dépenses faites au dehors, ne prennent des proportions telles que leurs inconvénients deviennent apparents. Cependant les résultats de l'absentéisme en Irlande les ont forcés à reconnaître les pernicieux effets de la consommation des épargnes effectuée loin des lieux où s'est réalisée la production qui les a permises. De même, la banqueroute d'un grand nombre d'Etats les a amenés à confesser le danger des prêts faits aux nations étrangères. Enfin, la surabondance des capitaux qui, au moment de la plus grande intensité de la dernière crise, se trouvaient déposés sans intérêt ou moyennant un intérêt insignifiant dans les caisses des grands établissements financiers, les a fait douter de la parfaite innocuité des épargnes à l'état de capital flottant. De telle sorte que, si quelques orthodoxes attardés reproduisent encore, en l'honneur du *Free Trade*, les banalités avec lesquelles ils supposent avoir réfuté le vieux système de la balance du commerce, d'autres économistes éminents reconnaissent aujourd'hui que ce système, faux quand on borne la balance aux produits importés et exportés, est essentiellement vrai quand, sous la rubrique importation, on comprend toutes les transactions qui rendent une nation débitrice des autres, et, sous la rubrique exportation, toutes celles qui l'établissent créancière.

L'équation de la consommation telle que je l'ai posée plus haut est une vérité tellement évidente qu'on ne peut la contester. Je puis en dire autant du corollaire qui établit la diminution corrélative de la valeur des utilités consommées et de la rémunération des producteurs, lorsque les économies en numéraire ne sont pas immédiatement employées dans le pays même, de manière à y déterminer des consommations proportionnelles à leur importance.

Quant aux conclusions que j'en ai tirées, l'orthodoxie répondra sans doute que peu importe la diminution des valeurs ou rémunération des utilités produites ou services rendus, puisque leur prix baissant avec la rémunération, et dans la même proportion, le producteur obtiendra la même quantité d'utilités ou services en échange des siens.

L'argument est spécieux et serait vraiment sans réponse, si : d'une part, quand le déficit provient de dépenses faites hors du pays, ou de prêts faits aux nations étrangères, la quantité de services ou produits, ou, plus généralement parlant, d'utilités, restait la même dans les deux hypothèses, ce qui n'a pas lieu (1) ; et, si, d'autre part, quand ce déficit résulte de l'augmentation du capital flottant national, la répartition sur les diverses uti-

(1) Cette permanence ne persiste dans aucune des hypothèses considérées plus haut, car la diminution des sommes destinées à la consommation amène indirectement celle des productions virtuelles, et la non-utilisation de produits (en général les plus chers) qui restent sans emploi faute d'acheteurs qui puissent les payer.

lités produites était instantanée et d'une proportionnalité mathématique, ce qui ne se rencontre pas dans la pratique.

En effet, dans les deux premières hypothèses, il y a forcément, sans compensation immédiate, une exportation d'utilités qui manqueront lors de la répartition; et, à supposer que la diminution de la rémunération soit identique à celle de la consommation, sa répartition sur les diverses utilités de production nationale dépend de mille circonstances, de telle sorte que la proportionnalité ne pouvant s'établir qu'après beaucoup de temps, tant qu'un nouvel équilibre ne s'est pas réalisé, les inégalités de la répartition constituent une abondante source d'injustices et de souffrances.

Je dois ajouter qu'un grand nombre d'individus vivant de rentes ou appointements fixes, leurs revenus, sinon d'une manière absolue, au moins pour un temps assez long, ne sont pas atteints par la diminution, proportionnelle ou non, causée par le déficit de la consommation; ils bénéficient, par suite, de la baisse des prix, et la part de réduction qui devrait leur échoir dans la diminution de la rémunération générale, s'ajoute à la réduction qui frappe le plus grand nombre, c'est-à-dire à celle pesant sur les membres actifs, dont le revenu dépend, directement ou indirectement, de la relation entre l'offre et la demande des utilités qu'ils produisent.

Il y a encore d'autres utilités dont le prix n'est pas fixé par la relation entre l'offre et la demande, telle qu'elle résulte des exigences de la consommation locale ou nationale; ce sont celles dont la majeure partie est destinée à l'exportation (1), et dont, par suite, les producteurs sont soustraits à la diminution proportionnelle de la rémunération : ils profitent de la baisse générale des prix et leur part de réduction retombe sur les autres producteurs.

Il ressort donc de tout ce qui précède, que la diminution, frappant la somme totale destinée à rémunérer la production, que peuvent déterminer certains emplois des épargnes individuelles, est loin d'être indifférente à la communion sociale.

Malgré tout, et quelque intéressant que soit, en théorie, ce côté de la question des épargnes, — c'est-à-dire cette répercussion qu'exercent sur toute la communauté des actes qui, semblant ne relever que du libre arbitre individuel, engagent néanmoins la société tout entière, — il n'offre dans la pratique qu'un intérêt secondaire, par ce motif que les effets directs de la diminution de la consommation sur le prix des divers services et produits sont cantonnés dans des limites très étroites, et que, du moment où la diminution est grande, ces effets disparaissent devant d'autres bien plus énergiques, quoique indirects, issus de la même source, à savoir de la constitution éco-

(1) Il faut ranger dans la même catégorie toutes les utilités dont la sphère de production et consommation comprend diverses nations, et dont, par conséquent, le prix résulte de la relation entre l'offre et la demande considérée dans toute l'étendue de cette sphère, comme cela a lieu depuis longtemps pour le sucre, le café, le caoutchouc et autres produits de grande valeur et de transport facile, et comme cela commence aussi à se vérifier pour le blé et la viande, depuis que les États-Unis et jusqu'à l'Australie font concurrence à la production locale sur les grands marchés consommateurs européens.

nomique des sociétés modernes sur la base d'une liberté à peu près complète de travail et d'échange.

Effectivement, quoique les épargnes aient eu pour origine et conservent pour but principal l'augmentation du capital fixe de la société, — de son outillage, comme on dit aujourd'hui en France, — elles jouent à présent un autre rôle, non moins important, qui leur permet d'exercer une action beaucoup plus rapide et énergique sur la marche de l'atelier social.

Le rôle de moteur du travail, presque entièrement dévolu jadis au principe d'autorité, appartient à cette heure, comme je l'ai remarqué plus haut, dans la plupart des industries qui donnent lieu aux échanges, au numéraire, ou plus exactement à ses détenteurs; et les travailleurs, qui n'ont d'autre moyen de subsistance que le salaire payé par ces derniers en échange de leur travail, se comptent par millions. Or, lorsque les détenteurs du capital l'ont immobilisé sous cette forme, ils ne peuvent le régénérer que par la vente des produits, pour l'immobiliser de nouveau en paiement de salaires. De sorte que toute réduction de la consommation qui diminue la quantité de numéraire applicable à la rémunération du travail sans augmenter la rapidité de la circulation, non seulement réduit la production, mais aussi le nombre des salariés, et détermine, lorsqu'elle atteint certaines proportions, des crises qui peuvent, à l'état aigu, compromettre l'ordre social dans tous les pays manufacturiers, où des millions d'individus vivent exclusivement d'échanges de produits ou de services.

Or, cette réduction de la consommation résulte fatalement de toute épargne (en monnaie) qui n'est pas employée immédiatement dans le pays même en paiement de produits ou services ; elle diminue la quantité de travail demandé et compromet les moyens d'existence d'une multitude d'individus. A quoi il faut ajouter qu'une fois la crise déclarée, elle ne se limite pas à la nation au sein de laquelle elle s'est manifestée, mais s'étend à toutes les autres, en vertu de la solidarité que les relations commerciales établissent aujourd'hui entre elles au point de vue de la consommation.

C'est ainsi que la grande crise de 1873, obligeant les Etats-Unis de l'Amérique du Nord à restreindre leurs achats à l'étranger, détermina d'autres crises concomitantes dans tous les pays qui d'ordinaire lui expédiaient leurs produits, et se répercuta dans tout le monde civilisé.

C'est là, si je ne m'abuse, le côté le plus important de la question des épargnes, celui qui réclame toute la sollicitude du pouvoir social. Aussi cet assemblage d'institutions qui existent ou se créent chaque jour dans le but déclaré de susciter, drainer et centraliser les épargnes individuelles me semble dangereux, tant qu'il ne sera pas complété par un système parallèle d'institutions destinées à faire arriver ces mêmes épargnes dans des mains qui les emploient *immédiatement* au paiement de produits ou services.

Or, ce second système ne se trouve suffisamment développé dans aucun pays : et nous sommes dès lors exposés à voir se reproduire, dans les crises futures, un état de choses analogue à celui qu'a présenté la longue crise de 1873 à 1880, pendant laquelle, en même temps que la diminution de la consommation imposait aux travailleurs de grandes souffrances, les caisses des banques et autres grands établissements de crédit regorgeaient d'argent.

De la même manière, sans nier les avantages que présentent, dans certains cas, les prêts faits aux nations étrangères, quand celles-ci font honneur à leurs engagements, je ne les crois pas convenables, tant que l'on a chez soi des bras et des intelligences disponibles; et je ne crois pas non plus que, dans les pays où le capital ne trouve pas facilement un emploi sûr et rémunérateur, il y ait lieu d'encourager, *au delà d'une certaine mesure*, la tendance à l'épargne, puisque, là, son effet inévitable est la diminution de la consommation avec toutes ses conséquences.

H.-A. MILET.

Pernambuco (Brésil). — Juin 1881.

DE LA DISPARITION DU CAPITAL FLOTTANT [1]

Dans les pays où la circulation est métallique ou mixte, le phénomène de la disparition, ou, pour parler avec plus de précision, de l'immobilisation du capital flottant, — d'où naissent les crises financières ou monétaires, — n'entraîne pas seulement avec lui les complications inhérentes à toutes les questions qui concernent l'instrument d'échange, mais il s'y ajoute encore, par suite des importations et exportations de numéraire pouvant résulter des oscillations du change et du taux de l'intérêt, un élément perturbateur, dû à la valeur intrinsèque de la monnaie, qui rend beaucoup plus complexe l'interprétation des faits.

C'est probablement à cause de cette complexité et de la difficulté, pour ne pas dire de l'impossibilité, d'apprécier avec quelque exactitude la différence qui existe, dans les pays dont il s'agit, entre la quantité absolue de l'agent de la circulation à deux époques différentes, par exem-

---

(1) Ce travail, dont la partie principale est une reproduction d'articles publiés par les journaux du pays, emprunte à cette circonstance une allure de polémique qui frappera le lecteur, mais qui n'en diminue en rien la valeur logique.

(Note des éditeurs.)

ple avant une crise et au moment où elle est à son apogée, que les économistes d'Europe n'ont pas approfondi cette question de la disparition du capital flottant ; et je ne crois pas qu'on rencontre dans leurs écrits une théorie complète de cet important phénomène.

Les économistes du vieux monde disent, en termes généraux, et par application à un tout autre cas spécial : que le capital flottant s'est immobilisé sous forme de titres de la dette publique, de chemins de fer ou canaux ; qu'il a émigré pour tel ou tel lieu ; que l'argent s'est retiré par manque de confiance ; qu'il est renfermé dans les coffres des capitalistes, etc., etc. ; mais ces indications ne sont appuyées d'aucune analyse qui satisfasse complètement l'esprit.

C'est à l'absence de vues théoriques que nous signalons qu'il faut attribuer le caractère de doute et d'incertitude qu'on remarque dans les appréciations que les principaux hommes d'Etat du Brésil viennent de présenter au Sénat et à la Chambre temporaire, au sujet de la crise ou du commencement de crise monétaire dont nous sommes menacés (1).

Accoutumés à chercher dans les livres des économistes anglais et français la solution de tous les problèmes économiques ou financiers, et n'y trouvant cette fois rien de positif au sujet de la question actuelle, ils devaient nécessairement se trouver dans l'embarras, tant qu'ils ne s'étaient

____

(1) Il ne s'agit pas là d'événements contemporains. Ceci était écrit en 1875.

(Note des éditeurs.)

pas livrés, — ce qu'ils se sont bien gardés de faire,
— au travail d'analyser eux-mêmes les faits qui
se passent sous leurs yeux, et de chercher la liai-
son de ces mêmes faits avec les principes généraux de la science économique.

C'est pour cela certainement que M. le Conseiller
d'Etat Zacarias — après avoir expliqué d'une manière satisfaisante comment s'était immobilisée en
entreprises de chemins de fer et titres de la dette
publique une partie, tant du capital flottant existant sur la place de Rio-de-Janeiro que du capital
des banques étrangères, et après avoir, par conséquent, confessé implicitement l'insuffisance de
cette partie essentielle de notre agent de circulation — au lieu de tirer des faits constatés la
conclusion logique, qui était de demander la mobilisation d'une partie des richesses immobilisées,
afin de suppléer à cette insuffisance, pour ne pas
dire à ce manque avoué de monnaie, prétendit, au
contraire, que celle-ci se trouvait surabondante, et
tenta de prouver cette thèse à l'aide d'arguments
puérils, indignes d'être présentés, par un ancien
Ministre des Finances, aux principaux hommes
d'Etat du pays.

C'est aussi pour cela sans doute que M. le
Conseiller d'Etat Rio-Branco, qui, lui du moins,
ne se laissa pas entraîner par les préjugés restrictifs, au point de nier l'évidence des faits, et dont
le discours révèle d'ailleurs beaucoup de bon sens
et de jugement financier, n'a pas su expliquer où
se trouvait l'argent qui, hier encore si abondant,
ne se montre aujourd'hui nulle part.

C'est pour cela enfin que ce dernier et, avec lui,

M. le Conseiller d'Etat Souza-Franco ont attribué
la rareté actuelle de l'agent de la circulation à la plus
grande quantité de monnaie qu'exigent les impôts
et les travaux qui se font dans les provinces, et à
d'autres causes dont l'action est si insignifiante
qu'il eût mieux valu ne pas en parler, puisque,
quand même elles feraient partie de celles qui
influent énergiquement sur le *quantum* nécessaire
de monnaie, leur action serait nulle dans le cas
présent, dont la caractéristique est une stagnation
absolue des affaires. A cette heure, il n'y a plus
en exécution de travaux importants, ni publics ni
particuliers; et à aucune époque les transactions
n'ont exigé aussi peu d'argent. Par conséquent, si
l'agent de la circulation obéissait seulement aux
lois indiquées par nos financiers officiels, il devrait surabonder dans les coffres des capitalistes,
puisque, comme l'a très bien dit M. le Conseiller
d'Etat Rio-Branco, il n'a pas émigré. Cependant
on ne le rencontre ni dans les coffres du Gouvernement ni dans ceux des banques, et les capitalistes prétendent, de leur côté, qu'ils ont en caisse
plus de titres de la dette publique, plus de titres
d'hypothèques et d'actions de Compagnies, que de
monnaie légale et courante. Où donc est l'argent?
That is the question.

Touché de l'embarras où se trouvent les illustres
conseillers, et sachant que j'ai passé quelques
vingt ans à approfondir ce sujet au point de vue
des circonstances particulières de notre pays, un
vieil ami m'adresse de Rio-Janeiro la question qui
précède : « Où est l'argent? Qui le cache? » Par
le vapeur suivant, je lui ai répondu : « Vous, moi,

et, dans des proportions diverses, chacun des habitants de ce sol béni. »

Quoique cette indication ne dût pas être difficile à accepter, puisque la somme totale de monnaie qui circule au Brésil n'arrive pas à donner 20 mil reis (50 francs) par habitant (1), mon ami ne s'est pas contenté d'une réponse aussi laconique, et, en se défendant bien d'avoir aucune part dans les embarras monétaires dont le pays souffre, il exige une démonstration en règle.

Je vais essayer de le satisfaire, et, grâce à la circonstance spéciale qui fait que notre circulation se compose exclusivement de papier inconvertible, ce qui simplifie beaucoup la question, j'ose espérer que ma solution présentera la rigueur des démonstrations mathématiques. et satisfera complètement l'esprit le plus exigeant.

I

SOLUTION THÉORIQUE. — DÉFINITIONS

PRÉLIMINAIRES.

On dénomme *richesse* tout ce qui peut servir à la satisfaction des besoins naturels ou artificiels de l'homme. Toute richesse exige pour sa création, à un moment quelconque de l'évolution industrielle, une somme variable de travail, dont dépend

____

(1) Depuis cette époque (1875), le chiffre de la population a passé de 12 à 14 millions d'habitants ; et, comme la quantité de monnaie légale est restée la même, la proportion par habitant n'excède pas aujourd'hui 35 francs.

à ce moment sa valeur absolue ; quant à sa valeur d'échange ou simplement sa *valeur*, la seule dont s'occupe la science économique, elle résulte de la relation entre l'offre et la demande.

C'est là la loi économique de la valeur. Et quant au corollaire qu'on a voulu y ajouter : que la valeur de n'importe quelle richesse est en raison inverse de sa quantité, ce corollaire ne se déduit pas légitimement de la loi de la valeur, et indique seulement, en ce qui concerne spécialement l'agent de la circulation, ce qui arrive dans la plupart des cas, *quand toutes autres choses sont égales d'ailleurs*.

La somme des richesses existantes dans un pays quelconque prend le nom de *capital social*. Le capital social embrasse deux ordres de richesses : le *capital fixe*, qui comprend la terre, avec les transformations que lui a fait subir le travail de l'homme, les édifices, les arbres, routes, ports, canaux, machines, métaux précieux, et généralement toute la richesse qui ne disparaît pas avec la satisfaction des besoins auxquels elle est destinée ; le *capital fongible*, qui embrasse toutes les autres richesses, y compris celles destinées à la plus urgente de toutes les nécessités, celle de l'alimentation, richesses qui, devant être produites incessamment, absorbent encore aujourd'hui les neuf dixièmes au moins du travail disponible, en dépit des immenses progrès de la science.

La plus grande partie des richesses qui constituent le capital fongible est consommée par les ouvriers eux-mêmes ou leurs représentants. Le reste est économisé et constitue le capital disponible qui doit être appliqué à une nouvelle production, directement ou indirectement, sous peine d'arrêter tout le mouvement de l'atelier social.

Partant : production, consommation et économies appliquées à une production nouvelle, tels sont les trois moments nécessaires du mouvement économique.

L'argent, monnaie, numéraire ou agent de la circulation, est, avant tout et partout, le signe représentatif des richesses dans les transactions ou échanges ; et, comme son attribut essentiel est la mobilité, et qu'il ne correspond en quantité qu'à une faible fraction du capital social, on peut dire que l'argent est le signe représentatif de la part du capital social mobilisée pour le besoin des transactions.

L'agent de circulation, appelé aussi capital monétaire, comprend naturellement deux catégories : le capital immobilisé représentant le numéraire indispensable aux achats journaliers qu'exigent nos besoins personnels, aussi bien que l'argent que chacun réserve, sans emploi certain, en vue d'une éventualité quelconque ; et le capital flottant, constitué par la monnaie que chaque membre de la société conserve, en dehors de celle formant la catégorie précédente, pour l'appliquer directement ou indirectement à la production.

Le capital flottant représentant des économies sociales est celui qui alimente l'agriculture, l'industrie, le commerce et les spéculations de tout genre ; et le taux de l'intérêt serait le thermomètre de son insuffisance ou de sa surabondance, en quelque lieu et temps que ce soit, si les spéculations de quelque importance, celles qui obligent à recourir au crédit, n'exigeaient pas la réunion, dans la même main, d'une certaine somme de capital flottant. De cette nécessité il résulte, en effet, que, dans les pays où ne se trouve pas développé l'esprit d'association, le taux des intérêts peut accuser une insuffisance du capital flottant uniquement par le fait que ce capital, disséminé entre un grand nombre de détenteurs, se trouve, par cette cause, momentanément immobilisé jusqu'à un certain point.

Des principes et définitions ci-dessus, il ressort que, là où, comme il en est au Brésil, la quantité absolue de l'agent de la circulation est constante, toute augmentation du capital monétaire immobilisé entraîne nécessairement une diminution corrélative du capital flottant, et réciproquement. Par conséquent, s'il est aujourd'hui prouvé qu'une partie du capital flottant qui alimentait nos transactions a disparu, c'est qu'elle s'est immobilisée sous une forme quelconque ; et, pour guérir le mal causé par cette immobilisation, il suffirait de mobiliser, d'une manière définitive ou temporaire, une nouvelle partie du capital social. Je dis définitive ou temporaire, parce que, quand la conversion d'une partie du capital flottant en capital immobilisé provient de causes permanentes, on peut, sans troubler en rien le régime économique, augmenter la quantité de monnaie ; mais, quand cette conversion — et c'est le cas le plus général — est due à des causes transitoires, ou qu'on n'a pas encore déterminées avec toute certitude, l'accroissement doit être réalisé sous forme d'émission de titres fiduciaires, solidement garantis ;

ce qui implique, dans les pays où l'agent de la circulation n'a pas de valeur intrinsèque, que ces titres doivent être rigoureusement privés du privilège constitutif de la monnaie, afin que, conservant l'élasticité nécessaire, ils puissent sortir de la circulation, quand disparaît la nécessité transitoire qui a motivé leur création.

C'est là la solution théorique du problème. Voyons maintenant ce que va nous donner l'analyse, et comment s'opère la conversion du capital flottant en capital immobilisé.

II

SOLUTION ANALYTIQUE.

De même que le soleil extrait continuellement des mers des millions de tonnes d'eau, qui, transformées en nuages et poussées par les vents, vont porter la fertilité sur tous les points du globe, pour retourner ensuite au réservoir commun ; de même, par les économies qui augmentent continuellement le capital flottant et retournent directement, sous forme de salaires de la production, au réservoir commun constitué par le capital immobilisé, le travail national porte, sans cesse, l'indispensable sève à tous les organes de l'atelier social. Cette circulation est la condition *sine qua non* de la vie économique des peuples, et se manifeste par la formation et la destruction successives du capital flottant.

La formation de ce capital flottant ne peut

donner lieu à aucune controverse : elle résulte des économies faites par les producteurs, et destinées par eux directement ou indirectement à la production de nouvelles richesses ; mais sa destruction ou immobilisation, — quoiqu'elle s'explique d'une manière aussi claire, puisqu'elle résulte des salaires payés sous une forme quelconque aux producteurs, — n'était susceptible de démonstration analytique claire et irréfutable que dans un pays où, la quantité de l'agent de la circulation étant invariable, l'accroissement du capital flottant implique forcément une diminution corrélative du capital monétaire immobilisé, et réciproquement. Dans les autres pays, l'émigration de la monnaie, rendue possible par sa valeur intrinsèque et son acceptation générale, enlèverait aux résultats du raisonnement leur caractère de complète certitude.

Ici, oui, on ne peut conserver aucun doute. Le capital flottant ne disparaît qu'à la condition de se transformer en capital monétaire, immobilisé sous la forme de salaires de la production, ce qui le disperse ainsi entre des milliers de mains. Le négociant immobilise le capital flottant : directement, par les achats faits aux producteurs ; indirectement, en achetant aux intermédiaires qui représentent ces derniers. L'agriculteur immobilise : directement, par les salaires qu'il paie pour la main-d'œuvre nécessaire à la production, pour constructions nouvelles, améliorations de terrains, etc. ; indirectement, quand il achète des semences, machines, instruments aratoires, troupeaux de bœufs, etc. Le capitaliste immobilise : directement, quand il construit des édifices ou prend part à quelque entreprise industrielle ; indirectement, quand il prête son capital à ceux qui l'immobiliseront.

Ainsi, le capital flottant est en état constant de formation, par les économies des producteurs, et de destruction par les dépenses nécessaires à la production, laquelle le régénère, augmenté par de nouvelles économies. C'est là la marche du phénomène en temps normal. Ce qui se passe dans les crises est la conséquence naturelle de ce qui précède. Examinons les divers cas.

III

DES CRISES MONÉTAIRES.

Toute crise économique, quelle que soit son origine, commerciale, industrielle ou politique, amène nécessairement et définitivement une crise monétaire ou financière, caractérisée par la hausse des intérêts et l'insuffisance de l'instrument d'échange. Dans tous les cas, une partie du capital flottant a disparu, soit qu'elle ait été véritablement détruite, c'est-à-dire restituée, sans compensation ni augmentation immédiate, sous forme de salaires, au capital monétaire immobilisé; soit qu'elle se trouve relativement immobilisée par sa dissémination entre des milliers d'individus; soit que le manque de confiance la maintienne à l'état de réserve; soit encore, enfin, là où la circulation est métallique, qu'elle n'ait été enterrée, ou n'ait émigré dans d'autres pays, — deux causes aggravantes des crises monétaires, dont nous sommes heureusement à l'abri. L'argent alors ne circule plus avec la rapidité habituelle; et, comme l'argent est le sang du corps social, toute crise monétaire, quand elle ne provient pas de perturbations préalables dans le commerce et dans l'industrie, amène des perturbations consécutives correspondantes, dans ces deux organes de la vie économique.

En général, les crises monétaires sont engendrées par les crises *commerciales*, qui sont aujourd'hui périodiques, et résultent surtout de la liberté qu'a tout négociant d'acheter sans consulter la consommation probable, — que chacun d'eux aspire à monopoliser. Il y en a d'autres qui proviennent de l'*industrie*, quand, pour avoir produit avec excès, ou pour n'importe quel autre motif, celle-ci ne trouve pas de prix rémunérateurs; — ces deux genres de crise généralement précédés, d'ailleurs, d'une destruction non compensée du capital flottant. D'autres crises ont pour cause des faits politiques, des révolutions, qui arrêtent le mouvement de la machine sociale, ou simplement des craintes de guerre ou de perturbations, qui paralysent les transactions et empêchent la reproduction du capital flottant, déjà très diminué par l'accroissement général des réserves individuelles qu'engendre le manque de confiance.

Crises commerciales. — Par des achats faits aux producteurs ou à leurs intermédiaires, c'est-à-dire, directement ou indirectement, par paiement de salaires, le commerçant a immobilisé une certaine somme de capital flottant qui, de la sorte, est retournée au réservoir commun. Par les ventes qu'il réalise des mêmes produits, soit directement aux consommateurs, soit indirectement aux marchands de détail ou autres intermédiaires, il doit, d'ordinaire, régénérer cette partie de son capital, augmentée de ce qu'on appelle lucre ou bénéfice, car le produit de la vente ne doit pas se borner à couvrir les dépenses générales de l'établissement et à reconstituer le capital dépensé en achats. Mais, si la quantité de capital flottant qui est restituée au négociant par la vente de ses produits ne dépasse pas ou dépasse trop peu celle qu'il avait précédemment immobilisée par l'achat de ces mêmes produits, le commerce se trouve paralysé. La crise commence quand la recette ne couvre pas la dépense du négociant et la régénération intégrale du capital immobilisé. Dans ces conditions, comme la plupart de ses transactions sont faites à terme et qu'il a des engagements à remplir, il recourt aux banques ou aux capitalistes; le taux des intérêts monte, et c'est alors qu'apparaît la crise monétaire, laquelle engendre la défiance, dont l'effet immédiat est de doubler l'intensité du mal.

Il y avait diminution du capital flottant, parce que le commerce ne pouvait pas reconstituer en sa totalité, avec la recette de la vente, le capital qu'il avait immobilisé par ses achats et dépenses générales; mais, en paralysant la recette, la défiance fait que la destruction continue sans reconstitution appréciable; et en portant chacun à augmenter sa réserve, en vue des éventualités possibles, elle réduit le capital flottant à la petite fraction qui appartient aux marchands d'argent ou capitalistes.

Cette fraction elle-même, si la crise dure, peut

aussi disparaître et retourner au réservoir commun ; car, si bien gardée qu'elle soit, il suffit qu'elle soit employée (et, si elle ne l'était pas, elle n'appartiendrait plus au capital flottant, mais bien au capital immobilisé) pour que le capitaliste coure risque de ne pas recevoir son argent sous la même forme qu'il l'a donné, mais bien déjà immobilisé en édifices, terres ou marchandises.

Les *crises industrielles* sont moins fréquentes, car elles n'ont lieu que quand les producteurs ne peuvent pas faire les économies indispensables à la reproduction et augmentation du capital flottant qu'ils ont immobilisé dans les dépenses de la production ; et cela ne peut arriver que dans deux cas seulement, à savoir : 1° quand il survient un obstacle à la vente, comme une guerre, une révolution ou l'engorgement des marchés ; 2° quand les prix de vente ne sont pas rémunérateurs ; — ce dernier cas très rare, puisque, étant donnée cette hypothèse, personne, d'ordinaire, ne continue à produire. De toute manière, dans les deux cas, le capital flottant, n'étant plus régénéré, disparaît ; et il s'ensuit une crise monétaire, avec les conséquences ci-dessus décrites.

Quant aux *crises dues à la politique*, elles sont presque inconnues au Brésil ; mais il n'en est pas de même dans la vieille Europe, où elles ne sont pas moins fréquentes que les crises commerciales et industrielles, quoiqu'elles aient, en général, une moindre durée. Elles apparaissent quand des probabilités de guerre ou de révolution paralysent les transactions et chassent la confiance. Le mal, dans ce cas, ne résulte pas, comme dans les crises commerciales et industrielles, du manque de régénération du capital flottant, immobilisé directement ou indirectement dans les dépenses de la production. Le capital flottant n'a pas cessé d'exister; il n'est que temporairement immobilisé sous forme de réserves, mais il n'en faut pas davantage pour que le taux des intérêts monte et inaugure la crise monétaire, avec toutes ses conséquences, y compris les crises consécutives du commerce et de l'industrie.

En somme, toute perturbation dans le mouvement circulatoire, résultant de la constante formation, destruction et régénération du capital flottant, qu'elle ait son origine dans le commerce ou dans l'industrie, ou soit occasionnée par des événements politiques, amène avec elle une crise monétaire, dont le caractère essentiel est l'immobilité temporaire ou définitive d'une notable partie du capital flottant; — temporaire, quand la crise dure peu et provient d'événements politiques; définitive, quand la crise a des causes commerciales ou industrielles; et, quelle que soit son origine, toutes les fois qu'elle se prolonge.

Aussitôt que disparaissent les causes qui ont engendré la crise, la partie du capital flottant qui, non définitivement immobilisée, était seulement retenue sous forme de réserves, reparaît plus ou moins vite. Le travail reprend sa marche habituelle, formant, détruisant et régénérant par l'épargne un nouveau capital flottant; et, après un délai en relation avec le temps qu'a duré la maladie, l'atelier social se retrouve dans la même situation qu'avant l'invasion du mal.

Il suit de ce qui précède que, toute crise monétaire étant engendrée par l'immobilisation temporaire ou définitive d'une partie du capital flottant, elle peut être arrêtée par la reconstitution artificielle du même capital, — cette reconstitution réalisée par importation de numéraire ou création de papier convertible en or, là où la circulation est métallique ; et obtenue, là où la circulation consiste en papier-monnaie, par l'émission de billets de banques convertibles en ce même papier, ou même, dans certaines limites, par l'émission de véritable papier-monnaie, à la condition, toujours sous-entendue, que ces émissions seront appliquées de préférence à la production matérielle, vu que celle-ci est la principale source des épargnes qui doivent reconstituer dans son état normal le capital flottant.

IV

CONCLUSIONS.

Ces points établis, l'explication de la crise actuelle n'offre plus aucune difficulté.

Ici, dans la zone centrale nord du Brésil, occupée par la canne à sucre et par le cotonnier, les prix ayant cessé d'être rémunérateurs, les producteurs n'ont pas seulement cessé de faire des économies, mais en sont déjà arrivés à hypothéquer ou vendre une partie de leurs instruments de tra-

vail, pour subvenir à la dépense de leurs établissements et de leurs familles. Le capital flottant de
l'industrie a disparu sans compensation. D'un
autre côté, les consommateurs, obligés à réduire
le plus possible leurs dépenses, ont peu acheté,
et le commerce ne pouvant régénérer par la vente
le capital qu'il avait immobilisé dans les achats
(crise commerciale) a recouru aux capitalistes.
L'intérêt de l'argent a monté (crise monétaire),
avec sa conséquence immédiate, la défiance, qui
détermine chacun à dépenser peu et à augmenter
sa réserve.

L'argent qui circulait avant la crise existe encore intact, mais il n'est resté à l'état de capital
flottant qu'une petite partie de la masse qui
constituait ce même capital, à savoir celle qui
appartenait aux capitalistes; et celle-ci même est
défiante. Le reste s'est répandu dans des milliers de
mains, et y reste stagnant, c'est-à-dire immobilisé.

Dans le sud du Brésil ont eu lieu des faits analogues, mais qui proviennent de causes différentes, et, là, ne partent pas d'une crise affectant
l'organe le plus essentiel du mouvement circulatoire. Il y a eu dans le Sud, et il s'y forme tous
les jours, des épargnes réalisées par les producteurs de café, dont le travail obtient encore des
prix rémunérateurs ; mais ces épargnes n'ont pas
été suffisantes pour régénérer le capital flottant,
continuellement détruit, en dehors des dépenses
nécessaires à la production annuelle : directement,
par les salaires payés aux ouvriers des chemins
de fer et autres entreprises; indirectement, par
les achats à l'étranger de locomotives, rails, etc.
En conséquence, ce capital est devenu insuffisant :

le taux des intérêts s'est élevé, et est apparue la crise, ou du moins le commencement d'une crise monétaire.

Ici comme là, provenant de causes différentes, et sur des échelles diverses, a eu lieu le même phénomène : une partie du capital flottant s'est immobilisée, dans les mains du *million* (comme disent les Anglais) ; a passé au capital monétaire fixe ; et, d'après les théories de MM. Torres Homem et Cie, ce départ aurait dû entraîner, au lieu de la baisse déjà appréciable, une hausse considérable dans le prix de toutes les richesses. Mais l'action directe du *quantum* de l'agent de la circulation sur les prix est si faible que, dans cette crise, comme dans toutes les autres, l'accroissement de la réserve individuelle, suite du manque de confiance, a suffi, non seulement pour neutraliser l'effet naturel de l'accroissement considérable que recevait le capital monétaire fixe, mais pour y substituer un autre effet de sens contraire ; ce qui, parfaitement d'accord avec les principes économiques, continue à rester incompréhensible pour tous ceux qui croient que la valeur de la monnaie est toujours en raison inverse de sa quantité.

L'analyse des faits se trouve donc parfaitement d'accord avec les déductions théoriques. — Chacun de nous retient instinctivement une petite partie de ce capital, dont la disparition ôte le sommeil à nos hommes d'Etat, et, malheureusement, le pain à beaucoup de nos concitoyens.

H.-A. Milet.

Pernambuco (Brésil). — Mai 1875.

PARIS. — IMPRIMERIE CHARLES BLOT, RUE BLEUE, 7.